Detlef Leenen
§ 477 BGB: Verjährung oder Risikoverlagerung?

Schriftenreihe
der
Juristischen Gesellschaft zu Berlin

Heft 148

W
DE
G

1997
Walter de Gruyter · Berlin · New York

§ 477 BGB:
Verjährung oder
Risikoverlagerung?

Von
Detlef Leenen

Vortrag
gehalten vor der
Juristischen Gesellschaft zu Berlin
am 29. Mai 1996

1997
Walter de Gruyter · Berlin · New York

Dr. iur. *Detlef Leenen,*
o. Professor an der Freien Universität Berlin

⊗ Gedruckt auf säurefreiem Papier,
das die US-ANSI-Norm über Haltbarkeit erfüllt.

Die Deutsche Bibliothek – CIP-Einheitsaufnahme

Leenen, Detlef:
§ 477 BGB: Verjährung oder Risikoverlagerung? : Vortrag gehalten
vor der Juristischen Gesellschaft zu Berlin am 29. Mai 1996 /
von Detlef Leenen. – Berlin ; New York : de Gruyter, 1997
   (Schriftenreihe der Juristischen Gesellschaft zu Berlin ; H. 148)
   ISBN 3-11-015571-0
NE: Leenen, Detlef: Paragraph 477 BGB: Verjährung oder
Risikoverlagerung?; Juristische Gesellschaft <Berlin>: Schriftenreihe
der Juristischen
   ...

Inhaltsverzeichnis

Inhaltsverzeichnis

I. Abschied von § 477 BGB?

In unseren Textausgaben des BGB trägt § 477 die inoffizielle Überschrift: „Verjährung der Gewährleistungsansprüche". Absatz 1 lautet (gekürzt): „Der Anspruch auf Wandelung oder auf Minderung sowie der Anspruch auf Schadensersatz wegen Mangels einer zugesicherten Eigenschaft verjährt, sofern nicht der Verkäufer den Mangel arglistig verschwiegen hat, bei beweglichen Sachen in sechs Monaten von der Ablieferung an. Die Verjährung kann durch Vertrag verlängert werden."

Die Vorschrift hat eine uralte Tradition, die relativ ungebrochen zurückführt zum Sklavenmarkt in Rom. Die nicht an ein Verschulden des Verkäufers geknüpften Rechtsbehelfe der Wandelung und Minderung wurden von den kurulischen Ädilen Käufern gewährt, die „mangelhafte" Sklaven erworben hatten, und die Frist für die Wandelungsklage (actio redhibitoria) betrug 6 Monate, die Frist für die Minderungsklage (actio minoris) ursprünglich 1 Jahr.[1] In der Bezeichnung als *„ädilizische Rechtsbehelfe"* ist der historische Ursprung von Wandelung und Minderung bis heute sprachlich lebendig geblieben.

Es könnte sich bald nur noch um rechtsgeschichtliche Erinnerungen handeln. § 477 BGB gilt weithin als eine sachlich verfehlte Vorschrift, die Wissenschaft und Praxis bis heute nicht befriedigend zu lösende Rätsel aufgibt. Die Probleme des § 477 BGB haben wesentlich dazu beigetragen, daß die vom Bundesminister der Justiz 1984 eingesetzte Kommission zur Überarbeitung des Schuldrechts im Verjährungsrecht den „rechtspolitisch dringendsten Handlungsbedarf"[2] gesehen und in ihrem Abschlußbericht Vorschläge unterbreitet hat, die das Gewährleistungsrecht aus der „Umklammerung" durch das römische Recht „endlich lösen" sollen.[3] Doch zunächst zu den „Rätseln" des § 477 BGB, dann zu den Reformvorschlägen der Schuldrechtskommission, denen ich im Hauptteil meines Referates eine grundlegend andere Sicht des § 477 BGB entgegensetzen möchte, die wesentlich behutsamere Korrekturen auf dem Boden des geltenden Rechts ermöglicht.

---

[1] Näher *Krapp*, Die Verjährung von Käuferansprüchen bei vertragswidrigen Leistungen, 1983, S. 3 ff; *Sohm/Mitteis/Wenger*, Institutionen des Römischen Rechts, 17. Aufl. 1928, § 71 I 2, b (Seite 424 f); *Zimmermann*, The Law of Obligations, 1990, S. 311 ff.

[2] Bundesminister der Justiz (Hrsg.), Abschlußbericht der Kommission zur Überarbeitung des Schuldrechts, 1992, S. 15. Von den vorbereitenden Gutachten sind insbesondere zu nennen: *Peters/Zimmermann*, Verjährungsfristen, in: Bundesminister der Justiz (Hrsg.), Gutachten und Vorschläge zur Überarbeitung des Schuldrechts, Band 1, 1981, S. 77 ff; *Ulrich Huber*, Leistungsstörungen, daselbst S. 647 ff; *Ulrich Huber*, Kaufvertrag, daselbst S. 911 ff.

[3] *Heinrichs*, Karlsruher Forum 1991, S. 8; siehe auch *ders.*, Abschied vom BGB oder sinnvolle Weiterentwicklung des bürgerlichen Rechts?, 1995, S. 17 ff.

1. Die Rätsel des § 477 BGB

Die Frist für die Verjährung von Gewährleistungsansprüchen beträgt bei beweglichen Sachen 6 Monate. Bei Gebrauchsgütern mit einer mittleren Nutzungszeit von 10 Jahren sind das lediglich 5 % der Lebensdauer – 95 % sind von der Gewährleistung des Verkäufers nicht gedeckt. Erscheint dies schon sehr knapp, so kommt hinzu, daß die Frist nach dem ausdrücklichen Zeugnis der Motive mit der Übergabe der Sache unabhängig davon beginnt, ob der Mangel innerhalb der Frist entdeckt wird oder auch nur entdeckt werden kann.[4] Bei Schadensersatzansprüchen wegen Fehlens einer zugesicherten Eigenschaft kann dies zu der Konsequenz führen, daß der Anspruch verjährt ist, bevor ein Schaden eingetreten und somit der Anspruch auch nur entstanden ist.[5] Sucht man in den Motiven eine Antwort auf die Frage, warum die Verfasser des BGB derartige Absonderlichkeiten vorgesehen haben, so findet man lediglich den lakonischen Satz: „Das Recht auf Wandelung und Minderung ist überall einer kurzen Verjährung unterworfen, weil die Ermittelung und Feststellung von Qualitätsmängeln nach Verlauf längerer Zeit kaum ausführbar und für den Verkehr die Zulassung des Zurückgreifens auf solche Mängel nach längerer Zeit im höchsten Grade lästig und hemmend ist."[6] Als Grund für die so rasche Verjährung der Ansprüche des Käufers ist damit nicht eben viel anzufangen. Es mag ja sein, daß der Käufer den ihm obliegenden[7] Beweis, die Sache sei bei Übergabe fehlerhaft gewesen, mit zunehmender Zeit immer schwerer wird führen können. Schon kurz nach der Jahrhundertwende wurde dem aber entgegengehalten, man dürfe „nicht deswegen, weil ein Recht schwer nachweisbar ist, dem Berechtigten die Möglichkeit des Nachweises und damit überhaupt sein Recht nehmen."[8]

Im übrigen will die Berufung auf eine „Belästigung des Verkehrs" geradezu als Vorwand[9] erscheinen, ist es doch in erster Linie der *Verkäufer*, der durch das Zurückgreifen auf Mängel der von ihm verkauften Sache

---

[4] Mot. II, S. 239 = *Mugdan* II, S. 132. Die Behauptung von *Brox*, Besonderes Schuldrecht, 21. Aufl. 1996, Rdn. 92, der Gesetzgeber habe das Problem von verborgenen Mängeln, die sich erst nach Ablauf von 6 Monaten zeigen, bei der Regelung des Kaufrechts nicht gesehen, ist damit nicht zu vereinbaren.

[5] Im Fall „Nottestamentsmappe" (BGH vom 14. 3. 73, NJW 1973, 843) hat der BGH eingewendet, es liege „auf der Hand", daß „die Verjährungsfrist nicht bereits vor Entstehung des Schadens ablaufen kann".

[6] Mot. II, S. 238 = *Mugdan* II, S. 131.

[7] Die ganz h. M. stützt dies auf eine entsprechende Anwendung des § 363 BGB; näher mit Nachweisen *Baumgärtel*, Beweislast, Anm. 4 zu § 459.

[8] *W. F. Mueller*, DJZ 1906, Spalte 703 ff (705).

[9] Vgl. *Ulrich Huber*, Leistungsstörungen [oben Fn. 2], S. 766: Die für die kurzen Fristen des § 477 „ins Feld geführten Gründe vermögen nicht zu überzeugen; sie wirken fast wie Vorwände".

„belästigt" und durch die kurzfristige Verjährung geschont wird.[10] So hat sich § 477 BGB den Ruch einer zeitbedingten parteiischen Bevorzugung von Verkäuferinteressen eingehandelt.[11] Eine jüngere Untersuchung zu § 477 BGB gipfelt in dem Vorwurf an den Gesetzgeber: „Die Interessen des Käufers, der ein Recht darauf hat, für den von ihm gezahlten Kaufpreis ein Äquivalent und nicht eine mangelhafte Ware zu erhalten, sind vom Gesetzgeber völlig außer acht gelassen worden."[12]

Als wäre dies noch nicht genug der Kritik an § 477 BGB, kommt hinzu, daß der *Anwendungsbereich* der Vorschrift höchst unsicher ist. Der BGH sieht den rechtspolitischen Sinn des § 477 BGB darin, „im Kaufrecht möglichst bald nach der Vertragsabwicklung den Rechtsfrieden wieder herzustellen und die mit zunehmendem Zeitablauf schwieriger werdenden Ermittlungen darüber entbehrlich zu machen, ob und in welchem Umfang Mängel bei Gefahrübergang vorhanden waren und welchen Schaden sie verursacht haben".[13] Solche Schwierigkeiten drohen nicht nur bei der Verfolgung der in § 477 BGB ausdrücklich genannten Rechtsbehelfe, sondern auch bei Ansprüchen aus positiver Vertragsverletzung, soweit die Pflichtverletzung auf die Lieferung mangelhafter Ware gestützt wird, und deshalb soll nach der Rechtsprechung § 477 BGB insoweit *analog* anzuwenden sein.[14] Dieses Postulat wird freilich auffällig halbherzig umgesetzt.[15] Ein berühmtes Beispiel liefert der sog. Tankverwechslungsfall:[16]

---

[10] *Rudolf Schmidt*, NJW 1962, 710 ff (710): „Schlagwort, das dem Verkäufer unbillige Vorteile in den Schoß wirft".

[11] MünchKomm/*Westermann*, Rdn. 24 zu § 477 („die heute nicht mehr in vollem Umfang als gerecht empfundene Verkäuferfreundlichkeit der sehr kurzen Frist des § 477"); *Peters/Zimmermann*, Verjährungsfristen [oben Fn. 2], S. 188 und S. 227: „Fristen von einem halben Jahr bedeuten hinsichtlich aller Mängel, die erst mit der Zeit sichtbar werden können, eine einseitige Risikoverteilung zulasten des Erwerbers". Der BGH räumt ein, daß die Kritik an der Verkäuferfreundlichkeit des § 477 BGB „teilweise mit beachtlichen Gründen" vorgetragen werde: BGH vom 17. 1. 90, BGHZ 110, 88 (93).

[12] *Krapp* [oben Fn. 1], S. 140 f.

[13] BGH vom 8. 3. 91, BGHZ 114, 34 (38). Siehe auch BGH vom 29. 11. 72, BGHZ 60, 9 (11); BGH vom 24. 5. 76, BGHZ 66, 315 (321); BGH vom 2. 6. 80, BGHZ 77, 215 (222); BGH vom 13. 7. 83, BGHZ 88, 130 (140); BGH vom 16. 9. 87, BGHZ 101, 337 (345); BGH vom 17. 1. 90, BGHZ 110, 88 (92); BGH vom 30. 5. 90, NJW-RR 1990, 1301 (1302).

[14] BGH vom 29. 11. 72, BGHZ 60, 9 (11 f); BGH vom 24. 5. 76, BGHZ 66, 315 (316 f); BGH vom 2. 6. 80, BGHZ 77, 215 (219); BGH vom 7. 3. 83, BGHZ 87, 88 (92 f); BGH vom 26. 4. 89, BGHZ 107, 249 (252); BGH vom 30. 5. 90, NJW-RR 1990, 1301 (1302); BGH vom 12. 2. 92, NJW 1992, 1225 (1226; insoweit in BGHZ 117, 183 nicht abgedruckt).

[15] MünchKomm/*Westermann* (§ 477 Rdn. 26) merkt an, die Praxis des BGH sei „durch Ausnahmen und Gegenausnahmen gekennzeichnet und insgesamt nicht immer leicht zu berechnen". Dazu näher unten IV.

[16] BGH vom 26. 4. 89, BGHZ 107, 249 = JZ 1990, 41 m. Anm. *Köhler*, S. 43.

Eine Firma, die sich mit der Leistungsverbesserung von KFZ-Motoren – also dem sog. „Tuning" – beschäftigt, errichtet auf ihrem Gelände zwei Benzintanks und bestellt bei einem Kraftstoff-Fachhändler die Erstbefüllung mit Super- und Normalbenzin. Bei der Anlieferung verwechselt der Fahrer die Tanks und füllt Normalbenzin in den für Super vorgesehenen Behälter (und umgekehrt). Es treten unerklärliche Leistungsprobleme bei den in Entwicklung befindlichen Motoren auf. Bis sich die Verwechslung herausstellt, ist der Tuning-Firma ein erheblicher Schaden durch aufwendige Versuchsreihen und Überprüfungen entstanden. Dieser Schaden wird nach Ablauf der Fristen des § 477 BGB geltend gemacht. Der BGH hat die Vorschrift nicht angewendet.

Der Fall hat in BGB-Übungen und als Examensklausur Karriere gemacht, und dies vor allem wegen der Möglichkeit einer pointenreichen Abwandlung. Nehmen wir an, der Käufer hätte nur Superbenzin bestellt und stattdessen Normalbenzin erhalten. Dann käme man unter dem subjektiven Fehlerbegriff kaum[17] daran vorbei, das gelieferte „Normalbenzin" als „fehlerhaftes Superbenzin" anzusehen. Also ginge es um die Geltendmachung einer „mangelhaften Beschaffenheit" der gelieferten Ware, und der BGH müßte im Sinne seiner eigenen Rechtsprechung § 477 BGB auf den Anspruch aus positiver Vertragsverletzung analog anwenden.[18] Der Zufall wollte es, daß zwei Sorten gleichzeitig bestellt und geliefert wurden. Das ermöglichte es dem BGH, ganz unschuldig darauf abzustellen, daß das gelieferte Benzin doch fehlerfrei gewesen sei: Einwandfreies Super, und einwandfreies Normal – wenn auch jeweils im falschen Tank. Allein das *falsche Abfüllen fehlerfreier Ware* sei also im Streit – und dafür gelte § 477 BGB nicht.[19] Eine ebenso glänzende wie riskante Argumentation im Einzelfall, die freilich das Grundproblem nicht löst: Es kann nicht vom Zufall abhängen, ob § 477 BGB anwendbar ist oder nicht.[20]

2. Die Reformvorschläge der Schuldrechtskommission

Die Schuldrechtskommission hat nicht zuletzt auf diesen Fall Zugriff genommen, um die Mängel des geltenden Rechts zu veranschaulichen[21], und sie hat eine radikale Lösung, nämlich die ersatzlose Streichung des § 477 BGB vorgeschlagen. Der Reform-Entwurf schafft nicht nur die kurzen Fristen des § 477 BGB, sondern überhaupt die besondere Regelung von Mängelgewähransprüchen ab. Der Entwurf gewährt generell – also auch bei

---

[17] Siehe aber auch unten IV 1.
[18] Erman/*Grunewald*, 9. Aufl. 1993, § 477 Rdn. 4; *Köhler*, JZ 1990, 43.
[19] *Medicus*, Bürgerliches Recht, 17. Aufl. 1996, Rdn. 363, kritisiert die Entscheidung als „allzu begrifflich" und vermutet dahinter die „Absicht des BGH, den sachlich verfehlten § 477 BGB zurückzudrängen".
[20] Die gleiche Kritik bei *Köhler*, JZ 1990, 43. *Köhler* sieht deshalb die Verjährungs-Rechtsprechung des BGH „in der Sackgasse".
[21] Abschlußbericht [oben Fn. 2], S. 22 f.

Stückschulden – einen Erfüllungsanspruch auf Sachen vertragsgemäßer Beschaffenheit (§ 434 f BGB-KE) und integriert damit die Lieferung mangelhafter Sachen in einen neuen, umfassenden Tatbestand der Vertragsverletzung. Ein auf Vertrag beruhender Anspruch verjährt – außer im Falle der Arglist – in drei Jahren (§ 195 Abs. 1 BGB-KE). Dabei macht es, wie die Kommission ausdrücklich hervorhebt, „keinen Unterschied, ob sich der vertragliche Anspruch auf Erfüllung des Vertrages richtet oder ob die Vertragspartei wegen einer Pflichtverletzung Rückgängigmachung des Vertrages oder Beseitigung von Mängeln, Minderung der Gegenleistung oder Schadensersatz begehrt."[22]

Die von der Kommission vorgeschlagene Verjährungsfrist von drei Jahren ist – verglichen mit dem halben Jahr des § 477 BGB – ausgesprochen üppig. Unter dem geltenden Recht kann die Gewährleistung im Wege von AGB nicht auf drei Jahre verlängert werden.[23] Was derzeit Verkäufer entgegen den Geboten von Treu und Glauben unangemessen benachteiligt, soll künftig Gesetz werden. Der Verkehr wird sich dagegen wehren. Die Kommission erkennt selbst berechtigte Interessen des Verkäufers an, insbesondere bei den Massengeschäften des täglichen Lebens die Frist durch AGB zu verkürzen[24], und zwar bis zu einer neuen Untergrenze von einem Jahr.[25] Dieses eingeschränkte Verbot der Verjährungsverkürzung bezieht sich, wie die Kommission ausdrücklich hervorhebt, „nicht nur auf die eigentlichen Gewährleistungsansprüche, sondern auf *alle* Ansprüche aus vertraglichen Leistungsstörungen, *die aus der Mangelhaftigkeit einer Sache hergeleitet werden.*"[26]

Werden die Vorschläge der Kommission verwirklicht, werde ich den Tankverwechslungsfall sofort erneut als Klausuraufgabe stellen. Beim Verkauf von Benzin kann es kaum beanstandet werden, wenn der Verkäufer die Gewährleistungsfrist in seinen AGB auf die neue 1-Jahresgrenze zurückführt: Sie läßt dem Kunden ausreichend Zeit, Qualitätsmängel festzustellen. Wie aber steht es *dann* mit der Verjährung von Ansprüchen aus positiver Vertragsverletzung? Es kommt darauf an, ob der Anspruch aus der „Mangelhaftigkeit einer Sache hergeleitet wird". Genau darum ging es bei der Entscheidung des BGH unter dem geltenden Recht auch. Wir sind keinen Schritt weiter.

---

[22] Abschlußbericht [oben Fn. 2], S. 35.
[23] BGH vom 17. 1. 90, BGHZ 110, 88.
[24] Abschlußbericht [oben Fn. 2], S. 281.
[25] § 11 Nr. 10 f AGB-KE: In AGB ist unwirksam ... eine Bestimmung, durch die bei Verträgen über Lieferungen neu hergestellter Sachen und Leistungen ... für Ansprüche wegen eines Sachmangels die Verjährungsfrist auf weniger als ein Jahr .... festgelegt (wird).
[26] Abschlußbericht [oben Fn. 2], S. 282.

12

3. Stimmen die Prämissen?

Fangen wir also noch einmal von vorne an. Nach *Ulrich Huber* kann es „keinem vernünftigen Zweifel unterliegen, daß die Verjährungsfristen des § 477 BGB (...) zu kurz sind".[27] Ich *habe* Zweifel, und ich bin so unvernünftig, sie zu äußern. Ich teile schon den Ausgangspunkt nicht, daß es in § 477 BGB um nichts anderes als die „Verjährung von Ansprüchen" im Sinne der §§ 194 ff BGB geht. § 477 BGB nimmt, gemessen an den allgemeinen Vorschriften der §§ 194 ff BGB, in vielfacher Hinsicht eine Sonderstellung ein.

Dies gilt zunächst für die allgemeine Rechtfertigung der Verjährungsfolgen, die für den Gläubiger praktisch einem Verlust des Anspruches gleichkommen. Dieses Opfer soll nach der Begründung zu den §§ 194 ff BGB nicht allzu schwer wiegen angesichts „der beharrlichen Nichtbethätigung des Anspruchs, ohne welche Verjährung nicht möglich ist, und dem daraus abzuleitenden geringen Interesse des Berechtigten an dem Inhalte des Anspruchs".[28] Dazu paßt nicht, daß es bei § 477 BGB nicht darauf ankommt, „ob der Mangel innerhalb der Frist entdeckt wurde oder werden konnte."[29] Die Begründung zu den §§ 194 ff BGB deckt das dem Käufer einer latent mangelhaften Sache zugemutete Opfer nicht. Wenn der Gesetzgeber dennoch die Rechte des Käufers beschneidet, so muß es hierfür eine andere, nicht „verjährungsrechtliche" Begründung geben.

Hierauf weist auch ein auffälliger Unterschied in der gesetzlichen Regelung selbst hin. Nach den allgemeinen Vorschriften kann die Verjährung durch Rechtsgeschäft weder ausgeschlossen noch erschwert werden (§ 225 Satz 1 BGB); lediglich eine *Erleichterung* der Verjährung, insbesondere durch Abkürzung der Verjährungsfrist ist zulässig (§ 225 Satz 2 BGB). Hiervon abweichend bestimmt § 477 Abs. 1 Satz 2 BGB, daß die Verjährungsfrist durch Vertrag *verlängert* werden kann. Steht hinter dem Erschwerungsverbot des § 225 BGB das öffentliche Interesse am Rechtsfrieden[30], so tritt dieses offenbar bei § 477 BGB hinter die privatautonome Regelungskompetenz der Vertragspartner zurück. Das ist auch nur konsequent, denn die Länge der Gewährleistungsfrist hat unmittelbare Bedeutung für das vertragliche Äquivalenzverhältnis und dieses zu regeln ist Sache der Vertragspartner.

Machen die Vertragspartner von dieser Regelungskompetenz Gebrauch, so gehen sie konstruktiv durchaus andere Wege als das Gesetz. Es wird eine

---

[27] *Ulrich Huber*, Leistungsstörungen [oben Fn. 2], S. 886. Auch in der Schuldrechtskommission bestand „Übereinstimmung" darin, „daß die Gewährleistungsfristen des § 477 BGB zu kurz sind": Abschlußbericht [oben Fn. 2], S. 23. Dagegen schon die Kritik von *Jakobs*, Gesetzgebung im Leistungsstörungsrecht, 1985, S. 173 ff.

[28] Mot. I, S. 291 = Mugdan I, S. 512.

[29] Mot II, S. 238 f = *Mugdan* II, S. 132.

[30] *Palandt/Heinrichs*, Rdn. 1 zu § 225; ein „öffentliches" Interesse verneinend aber *Heinrichs*, Karlsruher Forum 1991, S. 7.

Garantiefrist festgesetzt (z. B. „10-Jahres-Garantie") und dann bestimmt, welche Rechte dem Kunden zustehen sollen, wenn sich innerhalb dieser Frist bestimmte Mängel zeigen. Von „Verjährung" ist insoweit[31] keine Rede. Das ist gut verständlich. Die Verjährung gewährt dem Schuldner eine Einrede gegen einen *weiterhin bestehenden* Anspruch (§ 222 BGB). Eine 10-Jahres-Garantie müßte also dazu führen, daß dem Kunden auch wegen eines Mangels, der – sagen wir – nach 20 Jahren auftritt, Ansprüche aus der Garantie zustehen, deren gerichtliche Durchsetzung der Verkäufer lediglich verhindern kann. Diese Konstruktion ist der Praxis zu Recht fremd. Das Risiko von Mängeln, die sich erst nach zwanzig Jahren zeigen, wird von einer 10-Jahres-Garantie von vornherein nicht abgedeckt. Mit „Verjährung" hat dies nichts zu tun.

Demgegenüber hat das BGB, „um für die Verjährung die Grundlage zu gewinnen", konstruktiv „dem Rechte auf Minderung bzw. Wandelung die Eigenschaft eines Anspruchs beigelegt."[32] Dabei ging es dem Gesetzgeber insbesondere darum, die Anwendbarkeit der Vorschriften über Hemmung und Unterbrechung der Verjährung sicherzustellen.[33] Immerhin ist festzuhalten, daß die „Verjährungskonstruktion" nicht genuine Folge der „Anspruchsnatur" der Käuferrechte ist, sondern umgekehrt die Anspruchskonstruktion (§ 462 BGB) zur technischen Ausgestaltung der Haftung des Verkäufers gewählt wurde, um bestimmte Regelungen des Verjährungsrechts anwendbar zu machen.

Das Künstliche dieser Konstruktion wird in vielen Einzelheiten deutlich. So muß zwischen Ansprüchen „auf" Wandelung und Minderung und solchen „aus" diesen Rechtsbehelfen unterschieden werden. Der Verjährung gemäß § 477 BGB unterliegen die zuerst genannten Ansprüche „auf" Wandelung und Minderung, die prozessual eine Geisterexistenz führen, da es praktischen Bedürfnissen allein entspricht, im Klagewege unmittelbar die sich „aus" Wandelung und Minderung ergebenden Rechte zu verfolgen.[34] Hinzu kommt, daß das Wahlrecht des Käufers zwischen den einzelnen Rechtsbehelfen (§ 465 BGB) naheliegenderweise erst ausgeübt werden kann, wenn sich der Mangel gezeigt hat, während die Verjährung der noch nicht spezifizierten Ansprüche des Käufers bereits mit Übergabe der Sache einsetzt. Zur Lösung dieses Problems ist die Denkfigur eines „zunächst noch unspezifischen – also dem ius variandi unterliegenden –, in dieser

---

[31] Vorbehalten bleibt, daß für Mängel, die sich innerhalb der sog. „Gewährleistungsfrist" zeigen, Rügeobliegenheiten statuiert werden und ab dem Zeitpunkt, zu dem die Rüge möglich und geboten war, eine besondere „Verjährungsfrist" zu laufen beginnt. Zu dieser Unterscheidung *Franz Wittmann*, BB 1991, 854 ff. Im Text geht es nur um die „Gewährleistungsfrist".

[32] Mot II, S. 238 = *Mugdan* II, S. 131.

[33] Mot II, S. 238 f = *Mugdan* II, S. 132.

[34] Hierzu nur *Palandt/Putzo*, § 465 Rdn. 4 ff mit Nachweisen.

Form aber bereits der Verjährung unterworfenen allgemeinen Rückabwicklungsanspruchs" entwickelt worden.[35] Abgesehen davon, daß dieser „allgemeine" Anspruch als „*Rück*abwicklungsanspruch" zu eng formuliert ist[36], ist auch für § 477 BGB nicht viel gewonnen: Es verjährt ein „verhaltener" Anspruch, der als solcher jedenfalls nicht eingeklagt werden kann. Letztlich wird mit dem „unspezifischen, allgemeinen" Anspruch nur das zeitlich begrenzte Risiko des Verkäufers umschrieben, wegen eines Mangels der Sache auf Gewährleistung in Anspruch genommen zu werden. Risiken aber verjähren nicht.

Die Liste der auffälligen Besonderheiten des § 477 BGB läßt sich mühelos verlängern: Alle Ansprüche, die den kurzen Verjährungsfristen unterworfen werden, haben eine *verschuldensunabhängige* Haftung des Verkäufers zum Inhalt (Wandelung, Minderung, Schadensersatz wegen Fehlens einer zugesicherten Eigenschaft). Der einzige Gewährleistungsanspruch des Gesetzes, der auf einem *Verschulden* des Verkäufers beruht (Schadensersatz wegen arglistigen Verschweigens eines Mangels), ist ausdrücklich von den drastisch verkürzten Fristen *ausgenommen*, obwohl auch insoweit im Prozeß um die Frage gestritten werden muß, ob die Sache bei Gefahrübergang mangelhaft war. Die kurzen Fristen beziehen sich also allein auf die dem Verkäufer in § 459 Abs. 1 und 2 BGB auferlegte *Risikohaftung* für die Freiheit der Sache von Mängeln. Ein solches Risiko besteht nicht, wenn der Käufer den Mangel der Sache beim Abschluß des Vertrages kennt oder ohne weiteres kennen könnte: Also schließt das Gesetz insoweit von vornherein die Haftung des Verkäufers aus (§ 460 BGB). Schließlich ist auch der Beginn der Frist an ein Kriterium geknüpft, das vom Gesetz in verschiedenem Zusammenhang für die *vertragliche Risikoverteilung* als wesentlich erkannt wird, nämlich den Zeitpunkt des Wechsels in den Beherrschungssphären (Übergabe, § 446 BGB)[37], während die allgemeine Anspruchsverjährung mit der *Entstehung* des Anspruchs einsetzt.

Alle diese Besonderheiten weisen in dieselbe Richtung: Vielleicht ist die sachliche Regelung, die mit § 477 BGB getroffen sein soll, so unvernünftig nicht. Vielleicht versagt nur das „Verjährungsmodell" zur Erklärung der kurzen Fristen und muß durch ein anderes ersetzt werden.

---

[35] MünchKomm/*Westermann*, Rdn. 6 zu § 462.
[36] Minderung und „kleiner Schadensersatz" im Rahmen des § 463 Satz 1 BGB haben keine Rückabwicklung des Vertrages zum Ziel.
[37] Nach der Rechtsprechung setzt die „Ablieferung" im Sinne des § 477 Abs. 1 BGB grundsätzlich voraus, „daß der Verkäufer die Sache aus seiner Verfügungsgewalt entläßt und die Ware in Erfüllung des Kaufvertrags so in den Machtbereich des Käufers verbracht wird, daß diesem nunmehr anstelle des Verkäufers die Verfügungsmöglichkeit zusteht und ihm ermöglicht wird, die Sache zu untersuchen." So BGH vom 11. 10. 95, WM 1995, 2105; siehe auch jüngst BGH vom 24. 11. 95, NJW 1996, 586 zum Begriff der Übergabe bei Grundstücken.

II. Die „Verjährung" gemäß § 477 BGB als Risikobegrenzung

Ein solches Modell möchte ich im Folgenden vorstellen.

1. Rekonstruktion des § 477 BGB im Lichte hypothetischer Parteivereinbarungen

Ich bediene mich der Hilfe von zwei gedachten Kontrahenten, die zwar ihre eigenen Interessen und somit das Regelungsproblem der §§ 459 ff BGB kennen, aber noch nie etwas davon gehört haben, daß der Verkäufer für die Sache Gewähr zu leisten hat und Gewährleistungsansprüche binnen kurzer Frist „verjähren". Um mich gegen den Vorwurf der „Verkäuferfreundlichkeit" abzusichern, mute ich dem Verkäufer (V) Vorschläge zu, die nachgerade komisch wirken müssen (und sollen). Sache der Käuferin (K) wird es sein, diesem Mangel durch eine elegante, verkehrsfreundliche Lösung zu abzuhelfen.

Zum Verkauf steht eine neue Sache, die V von dritter Seite bezogen hat. V und K gehen von einer „normalen", fehlerfreien Beschaffenheit aus, sind sich aber bewußt, daß „niemand in die Sache hineinschaut" und die Gefahr versteckter Mängel besteht. K möchte für ihr gutes Geld – ich greife die bekannten Argumente auf – „ein Äquivalent und nicht eine mangelhafte Sache" bekommen. V sieht das ein, will aber seinerseits nicht jahrelang mit dem Risiko leben, den Kaufpreis ganz oder zum Teil wieder herausgeben zu müssen, falls sich irgendwann doch ein Mangel der Sache zeigt. Er könne sich keine langfristigen Rückstellungen für derartige Risiken leisten, sondern müsse mit dem Geld arbeiten können.

V macht der K folgenden Vorschlag: Er werde die Sache intensiv eine gewisse Zeit – sagen wir: 1 Jahr – lang testen und ihr dann alle Fehler offenbaren, die sich in dieser Erprobungszeit etwa gezeigt haben. Sollte sich erweisen, daß die Sache nicht in Ordnung ist, könne sie vom Kauf Abstand nehmen oder verlangen, daß er ihr die Sache zu einem billigeren Preis überlasse. Mehr aber könne er für K nicht tun. Wenn sie die zu seinen Lasten getestete Sache erwerbe und später doch noch einen Mangel finde, könne sie keinen Ausgleich mehr von ihm verlangen.

K versteht, daß V das Risiko versteckter Mängel nicht allein tragen will und findet auch die vorgeschlagene Aufteilung im Ansatz durchaus diskutabel: Wenn die Sache nicht in Ordnung ist, besteht eine hohe Wahrscheinlichkeit, daß sich dies in dem „Probejahr" zeigt, und dieses Risiko trägt V. Bei ihr bleibt das Restrisiko zwar über längere Zeit hinweg, aber je später dann noch ein Mangel auftritt, desto geringer wird sie dadurch belastet: Hat sie die Sache 10 Jahre benutzt, ohne einen Fehler zu bemerken, ist ja ein wesentlicher Teil ihrer Gebrauchserwartungen eingelöst worden.

Dennoch sind beide Seiten mit dem Vorschlag noch nicht ganz zufrieden. V stört, daß er erst in einem Jahr zu seinem Geld kommt und sich inzwischen mit der Erprobung einer Sache aufhalten soll, die er gar nicht nutzen will. Umgekehrt fällt es der K schwer, noch ein Jahr zu warten. Auch traut sie dem V nicht so recht, daß dieser wirklich die geeignete Testperson ist, liegt es doch gar nicht in seinem Interesse, irgendwelche Mängel zu entdecken. Vor allem aber wollte sie eigentlich eine wirklich neue, noch ganz unbenutzte Sache erwerben...

Da kommt der K eine glänzende Idee: Warum übernimmt sie nicht selbst die Testphase? Dann erhält sie sofort die Sache in neuem Zustand, testet sie, während sie die Sache ohnehin nutzt, und hat es selbst in der Hand, in der Probephase wirklich nichts zu übersehen. Drei Vorteile auf einen Schlag! Dafür ist sie bereit, nun auf V's Forderung nach sofortigem Abschluß des Vertrages und Bezahlung der Sache einzugehen. Sie einigen sich über den Kaufpreis und müssen nur noch eine Regelung für den Fall finden, daß in der Probephase Mängel ans Licht kommen. „Das ist einfach", meint K zu V: „Wir bleiben bei Deinem Vorschlag". Aber der passe doch jetzt gar nicht mehr, wendet V ein. „Wieso nicht?" entgegnet K. „Ich hätte nach einem Jahr, wenn sich ein Mangel gezeigt hat, sagen können: Die Sache will ich nicht, oder ich will weniger dafür bezahlen. Das geht jetzt auch: Wir machen alles rückgängig, oder ich behalte die Sache trotzdem, und Du ermäßigst nachträglich den Preis. Das ist doch genau dasselbe." – „Nicht ganz", wendet V ein: „Wenn Du die Sache zurückgibst, kann es wohl nicht sein, daß Du sie bis dahin umsonst benutzen konntest, dafür ziehe ich Dir eine Benutzungsgebühr vom Kaufpreis ab." Außerdem hat V bei der Länge der Probephase jetzt noch Bedenken: Da könne doch einiges „auf das Konto der K gehen" und er wolle sich nicht mit ihr streiten, ob die Sache von Anfang an schlecht war oder erst K die Sache beschädigt habe. Er schlage eine Halbierung der Probezeit vor. „Ein halbes Jahr Testzeit für mich mit zwei wachen Augen ist mir lieber als ein Jahr für den einäugigen V", denkt K bei sich und willigt ein.

Was wir vor uns haben, ist der Inhalt der wesentlichen Vorschriften des Mängelgewährrechts des BGB (§§ 459 Abs. 1, 460, 462, 467 Satz 1/346 BGB) einschließlich des § 477 BGB. Niemand wird behaupten wollen, daß V die K übervorteilt habe. Sein erster Vorschlag verdiente unter Effizienzkriterien gewiß das Prädikat schierer Unvernunft. Unter dem Kriterium der Vertragsgerechtigkeit aber war dieser Ausgangspunkt nicht zu beanstanden, wie eine Kontrolle anhand des AGB-Gesetzes zeigt. Was ein Jahr gebraucht und getestet ist, darf ohne weiteres unter Vereinbarung eines formularmäßigen Gewährleistungsausschlusses verkauft werden. Da in dem Gedankenspiel vorausgesetzt wurde, daß V alle ihm bekannt gewordenen Mängel der K mitteilt, ergeben sich auch aus § 476 BGB keine Bedenken gegen die Wirksamkeit des vorgeschlagenen Gewährleistungsausschlusses. Umso weniger muß man sich um die „glänzende Idee der K" Sorge machen. K hat Blick für das praktisch Vernünftige bewiesen, ohne die von V vorgeschlagene Risikoverteilung zu ändern. V trägt das zeitlich kürzere, sachlich aber intensivere Anfangsrisiko, K das der Zeit nach längere Restrisiko, das sachlich tendenziell abnimmt, je länger sie die Sache nutzt. Selbst die von K im letzten Schritt akzeptierte Halbierung der Probezeitphase wird durch einen nicht zu leugnenden Vorteil für sie aufgefangen.

2. Auswertung zugunsten einer „Risikoverteilungstheorie" zu § 477 BGB

Die Frage drängt sich auf, warum § 477 BGB landauf, landab wegen der zu kurzen „Verjährungs"fristen kritisiert und gar der parteiischen Bevorzugung von Verkäuferinteressen bezichtigt wird, wenn eine inhaltsgleiche Regelung, dargestellt als Ergebnis hypothetischer Parteiverhandlungen, eine Wertungskontrolle unauffällig zu bestehen vermag. Die Antwort ist einfach: *V und K haben nicht über die Verjährung von Ansprüchen der K verhandelt, sondern geregelt, wie sie das Mängelrisiko unter sich aufteilen.* Was als „Verjährungsregelung" nicht einleuchtet, macht als „Risikoverteilung" offenbar guten Sinn. Worin liegt der Unterschied? Lassen Sie mich das herrschende „Verjährungsmodell" in einigen Kernpunkten der Diskussion mit dem von K und V praktizierten „Risikoverteilungsmodell" vergleichen.

a) Das Problem der Vertragsgerechtigkeit

Zunächst zum Problem der Vertragsgerechtigkeit. Dem „Verjährungsmodell" des § 477 BGB liegt eine *ex-post*-Betrachtung zugrunde. Das Risiko hat sich verwirklicht, ein versteckter Mangel der Sache ist nach Ablauf der Frist zutage getreten. *Ex post* scheint § 477 BGB der materialen Vertragsgerechtigkeit zu widersprechen: Es will nicht einleuchten, warum der Käufer an der Kaufpreisvereinbarung festgehalten wird, obwohl die Sache doch ersichtlich „ihr Geld nicht wert ist".

Risiken indessen werden *ex ante verteilt,* und darum geht es, wenn bei Vertragsschluß für beide Seiten mit zumutbaren Anstrengungen nicht feststellbar ist, ob die Sache einen „versteckten" Mangel hat. Kann keine Seite wissen, wie die Sache in Wirklichkeit beschaffen ist, so ist es jedenfalls nicht selbstverständlich, daß eine Seite das Risiko *allein* tragen sollte. Es bietet sich eine *Aufteilung* des Risikos an, und diese gelingt ex ante unter dem „Schleier der Ungewißheit", ob sich das Risiko verwirklicht und wen es gegebenenfalls trifft. Selbst unterschiedliche Risikobelastungen können in der Bestimmung des Kaufpreises berücksichtigt werden. Haben die Parteien eine solche Risikoverteilung vereinbart (hier: durch eine Risikoaufteilung nach Zeitabschnitten), dann ändert eine spätere Verwirklichung der vertraglich geregelten Risiken – gleichgültig, wer davon betroffen wird – nichts an der (subjektiven) Äquivalenz von Leistung und Gegenleistung.

Der Unterschied zur herkömmlichen Deutung des § 477 BGB liegt in Folgendem: Das *„Risikoverteilungsmodell"* bezieht die Regelung der Gewährleistung in das vertragliche Äquivalenzverhältnis ein und berücksichtigt Mängel, für die der Verkäufer Gewähr zu leisten hat, ebenso wie solche, denen er mit der Einrede der Verjährung begegnen kann. Die ersteren belasten den Verkäufer, die letzteren den Käufer. Der Ausgleich der Belastungen erfolgt im Vertrag, im einfachsten (Regel-) Fall über den Preis. Das *„Verjährungsmodell"* sieht demgegenüber den Kaufpreis als Äquivalent für eine mangelfreie Sache an. Die Lieferung einer mangelhaften Sache führt zu einer „Störung des Äquivalenzverhältnisses", der abzuhelfen Sinn und Funktion der Gewährleistungsansprüche des Käufers ist.[38] Die kurz-

---

[38] Siehe z. B. *Esser/Eike Schmidt,* Schuldrecht, Band I, Allgemeiner Teil, Teilband 2, 7. Auflage 1993, § 22 VIII (S. 20: „technisches Instrument zur Herstellung des vertraglichen Äquivalenzausgleichs"). Ausführlich *Theodor Süß,* Wesen und Rechtsgrund der Gewährleistung für Sachmängel, 1931 (zusammenfassend S. 211).

fristige Verjährung dieser Ansprüche läßt sich in dieses Äquivalenzkonzept nicht einarbeiten, sondern bedarf einer „externen" Erklärung, die – wie immer sie ausfällt – dem Vorwurf ausgesetzt ist, die Vertragsgerechtigkeit zu verletzen.

Ist der Verkäufer zur Leistung einer *mangelfreien* Sache verpflichtet (wie de lege lata beim Gattungskauf, nach den Vorschlägen der Schuldrechtskommission de lege ferenda auch bei Stückkauf), so wird man die herkömmliche Sicht mit dem Argument rechtfertigen wollen, daß der Kaufpreis *hierfür* die („synallagmatische") Gegenleistung bilde, also das *Äquivalent für eine mangelfreie Sache* sei. So einfach liegen die Dinge indessen nicht. Das Äquivalenzverhältnis eines Vertrages wird nicht allein durch den Inhalt der im Gegenseitigkeitsverhältnis stehenden Pflichten, sondern durch die Summe aller Regelungen bestimmt, die den Vertragspartnern Vorteile oder Nachteile auferlegen. Welche Seite in welchem Umfang welche Risiken trägt, kann zu den wichtigsten und schwierigsten Fragen beim Aushandeln eines Vertrages gehören, und dies wäre schlicht unverständlich, wenn die vertragliche Risikoverteilung nicht das Äquivalenzverhältnis bestimmen würde. Daß die Verjährung in diesem Sinne ein „bedeutender Faktor bei der wirtschaftlichen Kalkulation im Rechtsverkehr" ist[39], bedarf kaum der Erläuterung. Ob ein Gebrauchtwagen „wie besichtigt unter Ausschluß jeglicher Gewährleistung" verkauft wird, oder mit gesetzlicher Gewährleistung oder gar mit verlängerter Gewährleistungsfrist, ist jedenfalls „preisrelevant"[40], obwohl die Hauptleistungspflicht des Verkäufers stets die gleiche ist. Über den niedrigeren oder höheren Preis werden Risikoabschläge bzw. -zuschläge erfaßt.[41] Beim Kauf eines Computers werden dem Kunden heute vielfach über die gesetzliche Gewährleistung hinausge-

---

[39] *Thomas Walter*, Das Verhältnis der gewährleistungsrechtlichen Schadensersatzansprüche im Kauf-, Miet- und Werkvertragsrecht zu dem Schadensersatzanspruch wegen positiver Vertragsverletzung, 1990, S. 291. *Walter* erkennt richtig, daß mithilfe von „Verjährungsfristen eine Risikoverteilung vorgenommen werden kann" (S. 289) und hält diesen Gesichtspunkt zutreffend für wesentlicher als die etwaige Beweisnot des Käufers (S. 290).

[40] Bereicherungsrechtlich ist das Fehlen von Gewährleistungsansprüchen nach BGH vom 31. 5. 90, BGHZ 111, 308, 314 „stark wertmindernd zu berücksichtigen".

[41] Ihrer wirtschaftlichen Funktion nach läßt sich die Gewährleistungshaftung des Verkäufers als Versicherung des Käufers gegen Mängelrisiken begreifen, dazu *Schäfer/Ott*, Lehrbuch der ökonomischen Analyse des Zivilrechts, 2. Aufl. 1995, S. 388 ff. In dieses Konzept scheinen mir aber die Ausführungen von *Schäfer/Ott* zur Verjährungsfrist (S. 401 ff) nicht überzeugend eingearbeitet zu sein. Daß „der Käufer rechtlos gestellt und mit dem vollen Risiko belastet ist," wenn ein Mangel nach Ablauf der Verjährungsfrist auftritt (aaO S. 401), ergibt ein schiefes Bild. *Insgesamt* ist der Käufer aufgrund der Verjährungsregelung lediglich *nicht vollständig* gegen Mängelrisiken versichert, und der ökonomische Sinn dieser „Eigenbeteiligung" des Käufers an dem Mängelrisiko bedürfte der Analyse.

hende Garantiezeiten und Serviceleistungen gegen Aufpreis angeboten. Wer zum Grundpreis erwirbt, kann nicht die Vertragsgerechtigkeit in Frage stellen, wenn nach einem Jahr Mängel auftreten, für die der Verkäufer keine Gewähr leistet.

b) Das Problem der „kurzen Fristen"

Eine andere Frage ist, warum das Gesetz die Haftung des Käufers auf so *kurze Zeit* beschränkt. Gewährleistungsfristen von 6 Monaten decken vielfach nur 5 % der Nutzungszeit ab, wie wir schon eingangs ausgerechnet haben. Wäre eine Aufteilung 50 : 50 nicht viel gerechter?

Das Risikoverteilungsmodell hilft auch hier weiter. Es vermag nämlich die *Risikobelastung nach Zeitabschnitten unterschiedlich zu gewichten.* Dies aber ist erforderlich, um signifikante Unterschiede im Risikoverlauf zu erfassen.

Zunächst: *Die Wahrscheinlichkeit, daß Mängel der Sache sich zeigen, ist in der Anfangsphase am größten und nimmt dann degressiv ab.* Dies entspricht weithin schon der Alltagserfahrung. Die Elektronik eines Computers versagt typischerweise in den ersten Tagen und Wochen, oder sie leistet selbst dann noch zuverlässige Dienste, wenn der technische Fortschritt den PC längst zum „Museumsstück" gemacht hat. Das hohe „Anfangsrisiko" ist aber auch eine normativ anerkannte Grundlage des § 477 BGB. Nach der Regierungsbegründung zu § 11 Nr. 10 f AGBG sind die Gewährleistungsfristen im Kauf- und Werkvertragsrecht des BGB so bemessen, „daß die jeweils in Betracht kommenden Mängel gewöhnlich während ihres Laufs hervortreten, so daß der Kunde bei Hervortreten eines Mangels gewöhnlich in der Lage ist, seinen Gewährleistungsanspruch noch durchzusetzen."[42] Die Kritik an § 477 BGB macht nur geltend, daß die Frist nicht ausreiche, um *alle* Mängel zu erfassen. Die signifikant erhöhte Häufigkeit des Auftretens von Mängeln in der „Anfangsphase" der Nutzung wird dadurch nicht in Abrede gestellt.

Der Risikoverlauf weist aber noch eine zweite Besonderheit auf. Das von der einen oder anderen Seite zu tragende wirtschaftliche Risiko besteht – grob gesagt – in der Wertdifferenz zwischen mangelfreier und mangelhafter Sache. *Diese Differenz ist umso höher, je eher sich der Mangel zeigt, und tendiert mit zunehmender Sachnutzung gegen Null.* Tritt bei einem Computer – um im Beispiel zu bleiben – ein Elektronikdefekt erst nach Jahren auf, hat das Gerät zu diesem Zeitpunkt unabhängig von dem Mangel nur mehr einen geringen Restwert, d. h. die Gebrauchserwartungen schon weitgehend eingelöst. Wäre eine Wandelung noch möglich, müßte der Wert der bisherigen Nutzung vom zurückzuerstattenden Kaufpreis abgezogen wer-

---

[42] BT-Drs. 7/3919, S. 36.

den und es bliebe nur eine geringe Differenz auszugleichen. Umgekehrt: Muß ein (fast) neues Gerät zurückgenommen werden, kann der gesamte Kaufpreis zu erstatten und die Differenz zum Wert des defekten Gerätes ganz erheblich sein.

Addiert man beide Effekte, so wird deutlich, daß eine annähernd *gleiche* Risikoverteilung nur aufgrund deutlich *unterschiedlicher* Zeitspannen der Risikotragung möglich ist. Die Belastung des Verkäufers mit dem hohen „Anfangsrisiko" vermag eine erheblich längere Zuordnung des degressiv verminderten „Restrisikos" beim Käufer auszugleichen. Wenn es richtig ist, daß Mängel sich üblicherweise innerhalb der gesetzlichen Gewährleistungsfrist zeigen, dann trägt der Verkäufer das Mängelrisiko sogar zum ganz überwiegenden Teil. Dies läßt sich damit rechtfertigen, daß der Verkäufer – abstrakt gesehen – das Risiko alsbald zutage tretender Mängel besser als der Käufer zu beherrschen vermag.[43]

c) Das Problem nicht rechtzeitig erkennbarer Mängel

Im „Verjährungsmodell" ist schwer zu erklären, warum die Erkennbarkeit des Mangels innerhalb der Frist keine Rolle spielt. Verjährungsfristen sollen – ich übernehme die Postulate der Schuldrechtskommission – so bemessen sein, daß dem Gläubiger „eine faire Chance eröffnet wird, seinen Anspruch geltend zu machen. Das bedeutet, daß ihm grundsätzlich hinreichend Gelegenheit gegeben werden muß, das Bestehen seiner Forderung zu erkennen, ihre Berechtigung zu prüfen, Beweismittel zusammenzutragen und die gerichtliche Durchsetzung der Forderung ins Werk zu setzen." Dieser Grundsatz, so fährt die Kommission fort, könne allerdings „nicht ausnahmslos durchgehalten" werden: „Es gibt Fallgestaltungen, in denen der Gläubiger die Verjährung seiner Forderung selbst dann hinnehmen muß, wenn er vor Ablauf der Verjährungsfrist nicht wußte, ja nicht einmal wissen konnte, daß ihm ein Anspruch zusteht. Dies kann insbesondere dann der Fall sein, wenn ihm ein vertraglicher Anspruch aus der Lieferung einer fehlerhaften Sache ... zusteht." Die Frage ist, *warum* der Gläubiger eines Gewährleistungsanspruchs dies hinnehmen muß, *warum* gerade hier das Gebot der „fairen Chance" nicht durchzuhalten ist. Das Gewährleistungsrecht bleibt im Verjährungsmodell ein Fremdkörper.

Anders, wenn man dem Risikoverteilungsmodell folgt. Ersichtlich kann es nicht darum gehen, die Frist oder den Fristbeginn so zu bestimmen, daß jeder Fehler vom Käufer entdeckt werden oder jeder wie immer spät auftretende Fehler noch geltend gemacht werden kann: Dann nämlich trüge

---

[43] Näher *Ingo Koller*, Die Risikozurechnung bei Vertragsstörungen in Austauschverträgen, 1979, S. 142 ff.

der Verkäufer das Mängelrisiko allein. Soll der Käufer an dem Risiko be-
teiligt werden, muß es Mängel geben, die in seinen Risikobereich fallen. Bei
einer zeitlichen Aufteilung des Risikos sind das die Fälle, in denen sich der
Mangel erst nach Ablauf der Fristen des § 477 BGB zeigt, und eben deshalb
kommt – selbstverständlich! – „nichts darauf an, ob der Mangel innerhalb
der Verjährungsfrist entdeckt wurde oder werden konnte."[44] Nichts als
diese für „Verjährungsdenken" so irritierende Aussage der Motive bringt
besser zum Ausdruck, worum es in Wirklichkeit geht: Was vom BGB als
„Verjährung" der Gewährleistungsansprüche konstruiert wird, ist der
Sache nach eine Konsequenz der mit Fristablauf auf den Käufer verlagerten
Risikotragung.

d) Das Problem des „Beweisabschneidens"

In anderem Licht erscheinen auch die auf Beweisschwierigkeiten abzie-
lenden Argumente zu § 477 BGB.

Ist das Mängelrisiko auf den Käufer übergegangen, hat sich die Frage er-
ledigt, wie die Sache bei Übergabe beschaffen war. Selbst wenn die Sache
zum Zeitpunkt des Gefahrübergangs einen versteckten Mangel aufwies,
verwirklicht sich doch ein vom Käufer zu tragendes Risiko, wenn der Mangel erst nach Ablauf der Frist zutage tritt. Hierauf kann sich der Verkäufer
berufen, und damit ist ein Streit über die Beschaffenheit der Sache bei Übergabe aus materiellrechtlichen Gründen ausgeschlossen.

Während das „Verjährungsmodell" also den Haftungsgrund bejaht und
dem Käufer den Beweis der Haftungsvoraussetzungen „abschneidet", verneint das Risikoverteilungsmodell den Haftungsgrund und erklärt damit,
warum es auf den Beweis der Mangelhaftigkeit der Sache nicht (mehr) ankommt. Die – nicht zu leugnenden – Beweisschwierigkeiten bei langfristig
zutage tretenden Mängeln gehören zu den Gründen, warum es sinnvoll ist,
das Mängelrisiko nach Zeitabschnitten zu verteilen und den Käufer mit der
„zweiten Phase" zu belasten. Hierdurch werden Rechtsstreitigkeiten ver-
mieden, die mit zunehmender Sachnutzung durch den Käufer in den Voraussetzungen einer Haftung des Verkäufers immer zweifelhafter und zugleich im Ertrag für den Käufer immer unergiebiger werden. Was dem
Verjährungsmodell als Abschneiden von Beweismöglichkeiten erscheint,
findet so eine Rechtfertigung in nachvollziehbaren Prinzipien der Risikoverteilung. Diese Risikoverteilung, nicht der wachsende Beweisaufwand als
solcher, ist der Grund der kurzen Verjährung, und deshalb kann das Be-
weisnotargument nicht von der die kurze Verjährung tragenden Risikoverteilung gelöst werden.

---

[44] Mot. II, S. 239 = *Mugdan* II, S. 132.

e) Die „baldige Wiederherstellung des Rechtsfriedens"

Daß die Verjährung von Ansprüchen im Sinne der allgemeinen Vorschriften der §§ 194 ff BGB dem Rechtsfrieden dient, wird man sich gerne zu eigen machen wollen.[45] Mit der Formel von der „baldigen Wiederherstellung des Rechtsfriedens"[46] kommt man jedoch, wie *Gerhard Walter* bemängelt[47], „bei § 477 BGB nicht sehr weit". *H. P. Westermann* bekennt seine „Verwunderung" über dieses Argument, werde doch schon eine Störung des Rechtsfriedens unterbunden, wenn Mängel sich erst nach Ablauf der Frist zeigen und gar nicht erst geltend gemacht werden können.[48] *Ulrich Huber* sieht das Ziel der baldigen Wiederherstellung des Rechtsfriedens im Kaufrecht, falls vom Gesetzgeber überhaupt angestrebt, so jedenfalls nicht erreicht an, „wie ungezählte Entscheidungen der höchstrichterlichen Rspr. beweisen, in denen die Käufer Prozesse in die dritte Instanz führen, die wegen der Verjährung von vornherein aussichtslos erscheinen müßten, weil sie oder ihre Anwälte sich mit der kurzen Verjährung einfach nicht abfinden wollen."[49] Das sind Angriffe aus sehr verschiedener Richtung, denen ich mein eigenes Unverständnis im Umgang mit der Formel hinzufüge: Ein Bedürfnis für eine „Wiederherstellung" des Rechtsfriedens besteht nur, wenn zuvor der Rechtsfriede gestört ist. Will man in diesem Bild bleiben, müßte der Rechtsfriede dadurch beeinträchtigt sein, daß der Verkäufer einer mangelhaften Sache nach Maßgabe der §§ 459 ff BGB Gewähr zu leisten hat. Das ist selbst für das Verjährungsmodell schwer nachzuvollziehen: Ist durch die Lieferung einer mangelhaften Sache das Äquivalenzverhältnis gestört[50], so kann der hierfür vom Gesetz vorgesehene Ausgleich nicht in eine Störung des Rechtsfriedens umdefiniert werden.

Die Rechtsprechung muß mit der Formel vom „Rechtsfrieden" etwas anderes zum Ausdruck bringen wollen. Daß *nach Gefahrübergang* noch gewisse Sachrisiken vom Verkäufer zu tragen sind, obwohl die Sache sich in der Verfügungs- und Beherrschungsgewalt des Käufers befindet, ist längerfristig eine „störende" Irregularität, weil die Gefahr besteht, daß der Käufer Beeinträchtigungen in der Verwendbarkeit der Sache, die in Wirklichkeit seinem eigenen Umgang mit der Sache zuzuschreiben sind, im Wege der Mängelgewähr auf den Verkäufer abzuwälzen

---

[45] *Heinrichs*, Karlsruher Forum 1991, S. 7.

[46] Dazu oben I 1 (bei Fn. 13).

[47] *Gerhard Walter*, Kaufrecht, § 5 II 8 a (S. 237).

[48] MünchKomm/*Westermann*, Rdn. 1 zu § 477; ebenso *Gerhard Walter* aaO [vorige Fn.].

[49] Soergel/*Huber*, 12. Aufl. 1991, § 477 Rdn. 2; siehe auch *Heinrichs*, Karlsruher Forum 1991, S. 8.

[50] Siehe oben II 2 a.

sucht.[51] Das Auseinanderklaffen von Sachherrschaft des Käufers und Sachmängelgewähr des Verkäufers kann nur begrenzte Zeit hingenommen werden. Eben deshalb – und damit sind wir beim „Modellwechsel" – ordnet das Gesetz die „Langzeitrisiken" dem Käufer zu und beendet damit diese konfliktträchtige Spannung. Diese *Risikozuweisung* hat aber nichts mit dem Opfer zu tun, das in den Fällen der §§ 194 ff BGB einem Gläubiger im Interesse des Rechtsfriedens zugemutet wird.

f) Umformulierung der Begründung der Motive

Kehren wir damit zu den Motiven zurück, um der „verjährungsrechtlichen" Lesart eine „Risikoverteilungs"-Interpretation gegenüberzustellen. Ich wiederhole die Kern-Aussagen im Original: „Das Recht auf Wandelung und Minderung ist überall einer kurzen Verjährung unterworfen, weil die Ermittelung und Feststellung von Qualitätsmängeln nach Verlauf längerer Zeit kaum ausführbar und für den Verkehr die Zulassung des Zurückgreifens auf solche Mängel nach längerer Zeit im höchsten Grade lästig und hemmend ist."[52] – Unter Bezugnahme auf den Beginn der Frist mit Übergabe der Sache heißt es: „Es kommt für die Verjährung demnach nichts darauf an, ob der Mangel innerhalb der Verjährungsfrist entdeckt wurde oder werden konnte."[53]

Diese zentralen Stellen lassen sich unter Verzicht auf die verjährungsrechtliche Einkleidung leicht umformulieren und ins Positive wenden. Ich lese die Begründung so: „Überall wird das Mängelrisiko aufgeteilt und dabei dem Verkäufer die intensive und darum kurze Anfangsphase zugewiesen, während der Käufer das sachlich abnehmende Risiko während der restlichen Nutzungszeit trägt. Dadurch wird erreicht, daß eine Inanspruchnahme des Verkäufers nur binnen kurzer, auf die Übergabe folgender Frist möglich und die Ermittlung und Feststellung von Qualitätsmängeln gut ausführbar ist. Das erleichtert die Beweissituation und fördert den Verkehr. Mängel, die sich erst nach Ablauf dieser Frist zeigen, fallen in den Risikobereich des Käufers. Deshalb kommt nichts darauf an, ob der Käufer den Mangel innerhalb der Frist entdecken konnte."

3. Die Reichweite des Risikoverteilungsmodells

Das hier vorgeschlagene „Risikoverteilungsmodell" zu § 477 BGB „paßt" auch für die Zusicherungshaftung (auf die das BGB die kurze Verjährung erstreckt); es versagt in einigen atypischen Fällen (die das BGB selbst gesehen hat).

---

[51] *Jakobs* [oben Fn. 27], S. 177 sieht dies als Grund für ein „besonderes Beweisproblem", zieht aber nicht die weiterreichende Konsequenz des Textes.
[52] Mot. II, S. 238 = *Mugdan* II, S. 131.
[53] Mot II, S. 238 f = *Mugdan* II, S. 132.

a) *Erweiterte rechtsgeschäftliche Risikoübernahme durch Zusicherung*

Nicht nur die Haftung für Fehler gemäß §§ 459 ff, 462, 477 BGB, sondern auch die *Haftung wegen Fehlens zugesicherter Eigenschaften* ist vom Gesetz als reine Risikohaftung konzipiert.[54] Die Zusicherung erweitert die Haftung auf der Tatbestandsseite (Einschluß unerheblicher Mängel, Haftungsausschluß nur bei Kenntnis des Käufers) wie auf der Rechtsfolgenseite (Schadensersatz). Die Übernahme solcher *erweiterter* Risiken bedarf besonderer rechtsgeschäftlicher Grundlage;[55] mehr besagen die §§ 459 Abs. 2, 463 Satz 1 BGB nicht.

Das Gesetz geht davon aus, daß im Regelfall die bloße Fehlerhaftung (mit den sich aus den §§ 459 Abs. 1, 460, 477 BGB ergebenden Beschränkungen des vom Verkäufer zu tragenden Mängelrisikos) sachgerecht ist. Die Vertragspartner können diese Regelhaftung nach zwei Seiten hin erweitern. Durch eine Verlängerung der Verjährungsfrist (§ 477 Abs. 1 Satz 2 BGB) wird das Verkäuferrisiko *zeitlich* ausgedehnt, durch eine Eigenschaftszusicherung (§§ 459 Abs. 1, 463 BGB) übernimmt der Verkäufer ein *inhaltlich* erweitertes Risiko. Funktional sind Verjährungsverlängerung und Eigenschaftszusicherung im gleichen Zusammenhang zu sehen, nämlich als verschiedene Möglichkeiten einer den Parteien vorbehaltenen Abänderung der gesetzlich festgelegten Risikoverteilung zu Lasten des Verkäufers.[56]

Die Haftung gemäß § 463 Satz 1 BGB gründet sich nicht etwa auf den Vorwurf, der Verkäufer habe *„zu Unrecht* die behauptete Eigenschaft ... zugesichert".[57] Es kann nicht rechtswidrig sein, einen anderen gegen besondere Risiken abzusichern.[58] Die Haftung stellt sich auch nicht etwa als Sanktion für eine „falsche" Behauptung von Tatsachen dar. Dürfte der Verkäu-

---

[54] Mot II, S. 225 = *Mugdan* II, S. 124: Die Schadensersatzpflicht gemäß § 463 Satz 1 sei „von einem Verschulden unabhängig." In der Zusicherung einer bestimmten Eigenschaft könne „nichts anderes als die Übernahme der Garantie für das Vorhandensein dieser Eigenschaft und das Versprechen gefunden werden, für alle Folgen einstehen zu wollen, wenn die Eigenschaft fehle". Siehe auch Mot II, S. 225 = *Mugdan* II, S. 124; *Diederichsen*, AcP Bd. 165 (1965), 150 ff (159); *Soergel/Huber*, § 463 Rdn. 2.

[55] Die Motive unterscheiden zwischen der „gesetzlichen Haftung" gemäß §§ 459 Abs. 1, 462 BGB und der „Haftung, welche aus der Zusicherung bestimmter Eigenschaften von Seiten des Veräußerers entsteht"; letztere Haftung gehe in den oben genannten Hinsichten „weiter als die gesetzliche" (Mot II, S. 225 = *Mugdan* II, S. 124).

[56] Auch die Kombination beider Risikoerweiterungen ist möglich. Naheliegenderweise liegt aber in der Eigenschaftszusicherung nicht zugleich, daß der Verkäufer das inhaltlich erweiterte Risiko auch über einen größeren Zeitraum hinweg tragen will. Deshalb beläßt es § 477 BGB insoweit bei der regulären Verjährungsfrist.

[57] So aber eine Formulierung aus BGH vom 29. 5. 68, BGHZ 50, 200 (202).

[58] Eine ganz andere Frage ist, welche weitergehende Haftung den Verkäufer trifft, wenn er wissen mußte, daß der Sache die zugesicherte Eigenschaft fehlt. Dazu unten III 2.

fer nur „richtige" Zusicherungen abgeben, könnte er ebensogut darauf verzichten, da sie dem Käufer nichts bringen. In der (unangemessenen) Terminologie von „richtig" oder „falsch" geht es *stets* um „falsche Zusicherungen": *Fehlt* die zugesicherte Eigenschaft, hat sich das Risiko verwirklicht, das der Verkäufer übernommen hat. Genau für diesen Fall ist die Zusicherung zum Schutze des Käufers gedacht.

Die Zusicherung kann ihrem (durch Auslegung zu ermittelnden) Inhalt nach auch das Risiko von Mangelfolgeschäden des Käufers umfassen.[59] Sieht man, daß es dabei allein um eine *Erweiterung* des Schutzes des Käufers geht, so stört dies das hier entwickelte Konzept in keiner Weise.

b) Atypische Fälle: Der Erprobung nicht zugängliche Sachen

Es gibt Mängelrisiken, die im Wege der Erprobung und des Testens nicht aufgedeckt werden können. *Medicus* bringt das Beispiel des Kaufes eines Feuerlöschers, der im entscheidenden Moment – natürlich: nach Ablauf der Verjährungsfrist – versagt.[60] Man kann einen Feuerlöscher nicht „zum Test" ein paar Monate benutzen, denn er bedarf nach jeder Benutzung der Neufüllung, und ob diese in Ordnung ist, ist eine neue Frage. Damit verliert auch die Aufteilung des Mängelrisikos nach unterschiedlich gewichteten Zeitphasen ihren Sinn. Über den Kauf eines Feuerlöschers haben K und V ersichtlich nicht verhandelt.

Das Modell selbst wird dadurch nicht in Frage gestellt. Die Verfasser des BGB haben durchaus gesehen, „in wie häufigen Fällen, *in welchen besonders eine rechtzeitige Prüfung der Sache nicht möglich ist,* die Frist durch Vertrag in der Form der Bestimmung von mehr oder weniger geräumigen sog. Garantiefristen ausgedehnt wird."[61] Sie haben die Notwendigkeit solcher vom Gesetz abweichender Regelungen anerkannt und deshalb entgegen § 225 BGB Vereinbarungen über eine Verlängerung der Verjährungsfrist ausdrücklich zugelassen (§ 477 Abs. 1 Satz 2 BGB). Das Gesetz erhebt also gar nicht den Anspruch, Sonderfälle wie den Kauf nicht erprobungsfähiger Güter mit § 477 BGB angemessen zu erfassen. Die „Feuerlöscher"-Problematik ist deshalb weder geeignet, den Sinn des § 477 BGB zu erhellen, noch dessen Deutung als Risikoverlagerung in Frage zu stellen.[62] Sie kann nur dazu dienen, die Grenzen der auf typische Fälle bezogenen Regelung des § 477 BGB deutlich zu machen.

---

[59] Grundlegend *Diederichsen*, AcP Bd. 165 (1965), 150 ff (159 f); ihm folgend BGH vom 29. 5. 68, BGHZ 50, 200 (204).

[60] *Medicus*, AT BGB, Rdn. 105; *ders.*, Schuldrecht II, 7. Aufl. 1995, Rdn. 61.

[61] Mot. II, S. 240 = Mugdan II, S. 133.

[62] *Medicus* [oben Fn. 60] ist zuzugeben, daß beim Feuerlöscher „der Grund für eine solche Risikoverlagerung nicht ohne weiteres einzusehen" ist. Man kann aber Sinn und Funktion einer Norm nicht an einem Fall testen, für den das Gesetz selbst auf die Zweck-

III. Konsequenzen eines „Modellwechsels"
für das geltende Recht

Ich komme zu einigen praktischen *Konsequenzen*, die aus dem hier entwickelten Ansatz zu ziehen sind. Sie betreffen den Fristbeginn (unten 1), die analoge Anwendung des § 477 BGB auf Ansprüche aus positiver Vertragsverletzung (unten 2) und das Konkurrenzverhältnis der §§ 459 ff BGB zu Ansprüchen aus culpa in contrahendo (unten 3).

1. Der Fristbeginn

Der Zeitablauf hat in § 477 BGB eine völlig andere Funktion als bei der Anspruchsverjährung gemäß §§ 194 ff BGB. Die Länge der seit der Übergabe der Sache verstrichenen Frist steuert unmittelbar das Haftungsrisiko des Verkäufers, und zwar gerade im Hinblick auf „versteckte" Mängel. Ließe man die Frist erst beginnen, wenn sich der Mangel gezeigt hat oder doch zumindest erkennbar war, so würde das Risiko, das § 477 BGB zu *verteilen* sucht, allein dem Verkäufer zugewiesen, die Norm also in ihr Gegenteil verkehrt. Jede Anwendung des § 477 BGB mit der Maßgabe, daß die Frist erst zu laufen beginnt, wenn der Mangel bekannt oder erkennbar ist, setzt sich über das „Kernstück" der Vorschrift hinweg.[63]

Im Schrifttum wird seit geraumer Zeit eine solche Verschiebung des Fristbeginns vorgeschlagen, allerdings nicht im unmittelbaren Anwendungsbereich des § 477 BGB, sondern im Rahmen der analogen Anwendung des § 477 BGB auf Ansprüche aus positiver Vertragsverletzung.[64]

---

mäßigkeit und Berechtigung abweichender privatautonomer Regelungen verweist. Die Frage müßte besser lauten, ob der Gedanke für die Massengeschäfte des täglichen Lebens paßt, für die auch der Entwurf der Schuldrechtskommission berechtigte Interessen des Verkäufers an einer Rückführung der neuen Dreijahresfrist auf ein Jahr anerkennt (dazu oben I 2). Bei Haushaltswaren, Kleidung, Büchern, Unterhaltungselektronik und dgl. mehr, die damit angesprochen sein mögen, macht die Risikoverteilung nach Zeitabschnitten m. E. guten Sinn. Mehr will und kann das Gesetz nicht leisten.

[63] So zutreffend *Zillich*, Der Anwendungsbereich des § 477 BGB (Diss. Bielefeld 1976), S. 71 (ihm zustimmend *Staudinger/Honsell*, § 477 Rdn. 46). *Zillich* erkennt auch klar, daß eine solche modifizierte Anwendung dem Verkäufer im Grunde jeden Schutz entzieht, weil die Frist des § 477 BGB „zur bloßen Geltendmachungsfrist herabgestuft wird" und der Verkäufer sich – gerechnet vom Zeitpunkt der Übergabe an – auf eine Inanspruchnahme im Rahmen der längstmöglichen Frist des § 195 BGB einstellen muß (S. 72).

[64] *Larenz*, SchR II/1, § 41 II e (13. Aufl. 1986 S. 71); *Emmerich*, Das Recht der Leistungsstörungen, 3. Aufl. 1991, § 22 III 2 c und MünchKomm/*Emmerich*, 3. Aufl. 1994, Rdn. 341 vor § 275; *Soergel/Wiedemann*, 12. Aufl. 1990, vor § 275 Rdn. 423; *Brox*, Besonderes Schuldrecht, 21. Aufl. 1996, Rdn. 92; *Reinicke/Tiedtke*, Kaufrecht, 5. Aufl. 1992, S. 165 f und S. 228; *Jauernig/Vollkommer*, 7. Aufl. 1994, Anm. 3 b, dd zu § 477; *Krapp* [oben Fn. 1], S. 225 (Fristbeginn mit Schadensereignis). Dagegen BGH vom 22. 3. 79, BB 1979, 757 (758); BGH vom 2. 6. 80, BGHZ 77, 215 (222); BGH vom 20. 1. 82, DB 1982, 639 (640).

Insoweit kann an sich nicht kritisiert werden, daß das Kernstück der Vorschrift aufgegeben wird. Gründet sich die Haftung nämlich auf den Vorwurf, daß der Verkäufer schuldhaft pflichtwidrig den Mangel nicht kannte, geht es ex definitione nicht darum, ein bloßes Mängelrisiko zu verteilen.[65] Dennoch muß betont werden, daß eine derart modifizierte Anwendung des § 477 BGB mit dessen Sinn und Funktion nichts zu tun hat; ehrlicherweise müßte von einer modifizierten Anwendung des *§ 852 BGB* gesprochen werden. Die den Fristbeginn „korrigierende" Anwendung des § 477 BGB verschleiert auf methodisch nicht haltbare Weise das eigentliche Problem: ob nämlich § 477 BGB überhaupt „analog" auf Ansprüche aus positiver Vertragsverletzung angewendet werden kann.

2. Die analoge Anwendung des § 477 BGB auf Ansprüche aus positiver Vertragsverletzung

Nach der ganz herrschenden – und zutreffenden – Ansicht in Rechtsprechung und Schrifttum können dem Käufer neben den kaufrechtlichen Gewährleistungsansprüchen im eigentlichen Sinn (§§ 459 ff BGB) Schadensersatzansprüche aus positiver Vertragsverletzung insoweit zustehen, als der Käufer durch die schuldhafte Lieferung mangelhafter Sachen Schäden an anderen Rechtsgütern als der Kaufsache selbst erlitten hat (sog. Mangelfolgeschäden).[66] Schon zwei Jahre nach Inkrafttreten des BGB hat das Reichsgericht auf die Verschuldenshaftung des Verkäufers wegen Lieferung mangelhafter Ware § 477 BGB entsprechend angewendet.[67] Daran hat die Rechtsprechung bis heute festgehalten und den Analogiebereich noch auf *Nebenpflichtverletzungen* erstreckt, wenn die positive Vertragsverletzung einen Mangel der Kaufsache verursacht hat oder wenn der entstandene Schaden in unmittelbarem Zusammenhang mit einem Mangel oder einer die Verwendungsfähigkeit beeinflussenden Eigenschaft der Kaufsache steht.[68] Das Schrifttum hat sich dem heute weithin angeschlossen.[69] Immerhin verdient – angesichts mancher gegenteiligen Beteuerung der Recht-

---

[65] Dazu sogleich (unten 2).

[66] BGH vom 2. 6. 80, BGHZ 77, 215 (217 unter II 1 b, aa); BGH vom 16. 5. 84, NJW 1984, 1955.

[67] RG vom 19. 12. 02, RGZ 53, 200 (203); siehe auch RG vom 27. 11. 03, RGZ 56, 166 (169).

[68] Nachweise oben Fn. 14.

[69] MünchKomm/*Westermann*, Rdn. 26 zu § 477; *Staudinger/Honsell* (13. Bearbeitung 1995), Rdn. 13 und 22 zu § 477; *Palandt/Putzo*, Rdn. 6 zu § 477; *Jauernig/Vollkommer*, Anm. 2 a, aa zu § 477; *Medicus*, BürgR, Rdn. 363. – Auffällig distanziert findet sich lediglich der Hinweis auf die Rechtsprechung zur analogen Anwendung des § 477 BGB bei *Schlechtriem*, Schuldrecht, Besonderer Teil, 4. Auflage 1995, Rdn. 91 und 116; *Musielak*, Grundkurs BGB, 4. Aufl. 1994, Rdn. 540.

sprechung[70] – hervorgehoben zu werden, daß die Analogie *stets umstritten* war. Die Chronologie der Opposition umspannt unser Jahrhundert von *Hermann Staub* bis jüngst zu *Werner Flume*.[71]

Vor dem Hintergrund des hier entwickelten Risikoverteilungsmodells sollte nicht zweifelhaft sein, daß die *Analogie abzulehnen* ist.

a) Keine Rechtsähnlichkeit

Dies schon deshalb, weil es an der für jede Analogie erforderlichen Rechtsähnlichkeit fehlt.[72] Die Rechtsprechung sieht die Vergleichbarkeit

---

[70] BGH vom 7. 3. 83, BGHZ 87, 88 (92 f: „in Rechtsprechung und Schrifttum allgemein anerkannt"); BGH vom 8. 3. 91, BGHZ 114, 34 (38: „entspricht einhelliger Ansicht in Rechtsprechung und Schrifttum").

[71] *Hermann Staub*, HGB, 6./7. Aufl. 1900, Bd. 2, § 377 Anm. 112; *ders.*, DJZ 1903, S. 388 ff (389); *W. F. Mueller*, DJZ 1906, Sp. 703 ff (705); ausführlich *Schultze*, ArchBürgR Bd. 30 (1907), S. 143 ff; *v. Blume*, JhJb Bd. 55 (1909), S. 209 ff (239 ff); *Krückmann*, Institutionen des Bürgerlichen Gesetzbuches, 4. Aufl. 1912, S. 109 und 147 f; *Dernburg/Raape*, Die Schuldverhältnisse, 4. Aufl. 1915, § 185 Anm. 2 f; *Cosack/Mitteis*, Lehrbuch des Bürgerlichen Rechts, Bd. 1, 8. Aufl. 1927, § 188 VI 2; *Planck/Knoke*, BGB, 4. Aufl. 1928, Anm. 1 b zu § 477; *Oertmann*, BGB, 5. Aufl. 1929, Anm. 5 d zu § 477; (kritisch) *Hoche*, FS Lange (1970), S. 242; *Rebe/Rebell*, JA 1978, S. 544 ff, 605 ff (609 f); *Littbarski*, NJW 1981, 2331 (2334 ff); *Fikentscher*, Schuldrecht, 8. Aufl. 1992, Rdn. 731 (mit allerdings zweifelhafter Abgrenzung zu den Ausführungen Rdn. 403 und 726); *Flume*, AcP Bd. 193 (1993), S. 89 ff, 119. – *Enneccerus/Lehmann*, Recht der Schuldverhältnisse, 15. Bearbeitung 1958, § 112 I 3 a, begrenzen die Analogie auf den Mangelschaden; für *Mangelfolgeschäden* bleibe es bei der allgemeinen Verjährungsfrist gemäß § 195 BGB (so auch *Diederichsen*, AcP Bd. 165 [1965], 150 ff, 155). *Schmidt/Brüggemeier*, Zivilrechtlicher Grundkurs, 4. Aufl. 1991, S. 229 lehnen die Analogie für Schadensersatzansprüche ab, die aus der Verletzung einer Nebenleistungspflicht resultieren. – Der Sache nach müssen den Gegnern der Analogie auch diejenigen zugerechnet werden, die § 477 BGB nur mit „modifiziertem" Fristbeginn anwenden wollen (oben Fn. 64), da damit nicht das Prinzip des § 477 BGB, sondern das des § 852 BGB gilt.

[72] Dies wird seit jeher im Schrifttum gegen die Analogie vorgetragen. Den inneren Zusammenhang der kurzen Verjährungsfristen des § 477 BGB mit den *verschuldensunabhängigen* Rechtsbehelfen des Gewährleistungsrechts hat insbesondere *Schultze*, [oben Fn. 71], S. 143 ff herausgearbeitet. Im Anschluß hieran hat *Hoche* [oben Fn. 71] moniert, daß „der Verkäufer bei schuldhafter Schlechtlieferung nicht die Rücksicht des Gesetzes, die § 477 dem schuldlosen Verkäufer gewährt, verdienen sollte" (ähnlich *Peters/Zimmermann* [oben Fn. 2], S. 202). Im übrigen wird betont, daß der Schadensersatzanspruch wegen schuldhafter Pflichtverletzung „in scharfem Gegensatz" zur Gewährleistungshaftung stehe (*Cosack/Mitteis*, [oben Fn. 71]), „nach Grund und Ziel" (*Planck/Knoke*, [oben Fn. 71]) bzw. „Rechtsgrund und Eigenart" (*Oertmann* [oben Fn. 71]) von den Gewährschaftsansprüchen „völlig verschieden" sei. Zuletzt *Flume* in seiner engagierten Kritik an den Reformvorschlägen zur Sachmängelhaftung beim Kauf, AcP Bd. 193 (1993), S. 89 ff, 119: „Der Tatbestand des Kennenmüssens, durch den der Verkäufer den Schaden des Käufers bewirkt, ist ein grundsätzlich anderer als der der Sachmängelhaftung, und so besteht hinsichtlich des Rechts des Käufers aufgrund der bloßen Fehlerhaftigkeit als der Nichtübereinstimmung von Kaufvertrag und Wirklichkeit und dem Anspruch des Käufers aufgrund des Kennenmüssens des Verkäufers und so der Schädigung des Käufers

beider Fallgestaltungen darin, daß im einen wie im anderen Falle u. U. noch nach längerer Zeit Feststellungen über die Beschaffenheit der Sache getroffen werden müssen. Der Zeitablauf hat aber für die Gewährleistungshaftung eine völlig andere Funktion als bei der Haftung aus positiver Vertragsverletzung. § 477 BGB ist immanenter Bestandteil des gewährleistungsrechtlichen Risikoverteilungssystems der §§ 459 ff BGB. Für die Dauer der Frist ist das Risiko dem Verkäufer zugewiesen, mit dem Ablauf der Frist geht das Risiko auf den Käufer über.[73] Die zeitliche Begrenzung der Haftung des Verkäufers ist das Instrument der Risikoverteilung und gehört somit zum Haftungsgrund.

Anders bei Ansprüchen aus positiver Vertragsverletzung. Hier bildet die schuldhafte Pflichtverletzung des Verkäufers den Haftungsgrund, und diese hat nichts mit der Frage zu tun, wann sich der Mangel, den der Verkäufer hätte kennen müssen, zeigt und wann der Käufer durch die Sache geschädigt wird. Handelt es sich um einen so „versteckten" Mangel, daß dieser notwendig erst nach jahrelanger Nutzung der Sache zutage treten kann, so mag es sein, daß eben deshalb das Verschulden des Verkäufers zu verneinen ist und ein Verjährungsproblem gar nicht erst entsteht. Es geht nur um die Fälle, in denen der Verkäufer bei Lieferung der Sache aus besonderen Gründen Kenntnis vom Mangel haben mußte. Dann aber ist der die Haftung des Verkäufers rechtfertigende Tatbestand mit der Pflichtverletzung abgeschlossen. Die Frage, wann sich der Mangel zeigt, hat mit dem Haftungsgrund nicht mehr das geringste zu tun.

Dieser schlechthin „kategoriale Unterschied" (*Flume*)[74] macht sich in vielen Details bemerkbar, die von der Analogie übersehen werden. So ist es für die gesetzliche Gewährleistung – also: § 459 Abs. 1 BGB – kennzeichnend, daß mit zunehmendem Zeitablauf das beim Käufer verbleibende wirtschaftliche Risiko stets geringer wird.[75] Genau dies läßt sich von Mangelfolgeschäden, auf die die Rspr. § 477 BGB analog anwendet, gerade nicht sagen. Die Einbußen, die ein Käufer bei der Explosion eines mangelhaften Ofens erleidet, sind nach vier Jahren die gleichen wie nach vier Monaten, und ihm kann zur Rechtfertigung der Einrede der Verjährung nicht entgegengehalten werden, daß ihm der Ofen doch immerhin vier Jahre lang gute Dienste geleistet habe.

---

durch fahrlässiges Verhalten des Verkäufers ein kategorialer Unterschied. Deshalb ist entgegen der Rechtsprechung die ... kurze Verjährungsfrist des § 477 BGB nicht für die Haftung des Verkäufers wegen Kennenmüssens der Fehlerhaftigkeit als Haftung für fahrlässiges, den Käufer schädigendes Verhalten anzuwenden."

[73] Ebenso *Flume*, AcP Bd. 193 (1993), S. 89 ff (106): „Mit dem Ablauf der Verjährungsfrist wird der Verkäufer von diesem Risiko befreit."

[74] Siehe oben in Fn. 72.

[75] Oben II 2 b.

b) Wertungswidersprüche

Unübersehbare Wertungswidersprüche sind die Folge dieser Gleichsetzung des Unvergleichbaren.

Grundlage einer Haftung des Verkäufers aus positiver Vertragsverletzung ist der Vorwurf, der Verkäufer hätte die mangelhafte Beschaffenheit der Kaufsache erkennen können und müssen, während § 477 BGB das *Risiko* verteilt, das sich aus der mit zumutbaren Mitteln nicht zu beseitigenden Ungewißheit beider Seiten über die wirkliche Beschaffenheit der Sache ergibt. Beruht die Unkenntnis des Verkäufers auf der schuldhaften Verletzung von Pflichten, kann es nicht bei der bloßen Risikoverteilung bleiben, sonst würde die Rechtsordnung einerseits besondere Anforderungen an das Verhalten des Verkäufers zum Schutze des Käufers stellen, andererseits die Verletzung dieser Anforderungen sanktionslos lassen. Genau darauf aber läuft die analoge Anwendung des § 477 BGB auf die Verschuldenshaftung des Verkäufers hinaus: Dem Verkäufer wird zur *Begründung* der Haftung vorgeworfen, daß er den Mangel habe kennen müssen, während er in der *Ausgestaltung* der Haftung so behandelt wird, als könne ihm dieser Vorwurf nicht gemacht werden.

Da in der Gewährung der Einrede das Verschulden des Verkäufers (selbst grobe Fahrlässigkeit!) unberücksichtigt bleibt, widerspricht die analoge Anwendung des § 477 BGB nicht zuletzt der verbindlichen Wertentscheidung des § 11 Nr. 7 AGBG. Das Klauselverbot richtet sich gegen einen „Ausschluß oder eine Begrenzung der Haftung für einen Schaden, der auf einer grob fahrlässigen Vertragsverletzung des Verwenders ... beruht". Was aber bedeutet die analoge Anwendung des § 477 BGB auf Ansprüche des Käufers aus positiver Vertragsverletzung anderes als eine *zeitliche Begrenzung der Haftung des Verkäufers für schuldhafte Pflichtverletzungen*? Wie kann es gerechtfertigt sein, im Wege einer Gesetzesanalogie dem Verkäufer ein Privileg zu gewähren, das er sich im Wege von AGB selbst nicht einräumen könnte, weil er den Käufer entgegen den Geboten von Treu und Glauben unangemessen benachteiligen würde? Was hat eine solche Analogie noch mit § 477 BGB zu tun, der den Anspruch erhebt (und, wie gezeigt, einlöst), einen fairen und verkehrsfreundlichen Ausgleich zwischen den Verkäufer- und Käuferinteressen herzustellen? „Unangemessen verkäuferfreundlich" ist, um den Vorwurf aufzugreifen[76], nicht § 477 BGB, sondern die *analoge Anwendung* dieser Vorschrift auf die vertragliche Verschuldenshaftung des Verkäufers.

---

[76] Oben I 1.

c) *Abstimmung mit Zusicherungshaftung*

Wendet man in Fällen, in denen der Verkäufer den Mangel der Sache kennen muß, § 477 BGB nicht an, so führt dies nicht, wie der BGH befürchtet[77], zu Wertungswidersprüchen im Verhältnis zur Haftung für das Fehlen zugesicherter Eigenschaften.

§ 477 BGB setzt als reine Regelung des Mängelrisikos voraus, daß die Unkenntnis des Verkäufers von einem etwaigen Mangel der Sache mit zumutbaren Anstrengungen nicht zu beseitigen ist. Übernimmt der Verkäufer unter diesen Umständen eine über die bloße Fehlerhaftung hinausgehende erweiterte Garantiehaftung, so ist dies ein Entgegenkommen, das durch die im übrigen zeitgleiche Risikobegrenzung honoriert wird.[78] Ansprüche des Käufers aus positiver Vertragsverletzung kann es daneben nicht geben, weil es ex definitione an einem Verschulden des Verkäufers fehlt.

Der Verschuldensvorwurf kann nur einem Verkäufer gemacht werden, der kraft besonderer Sachkunde (oder vergleichbarer pflichtbegründender Umstände) um die mangelhafte Beschaffenheit der Sache oder die bei unsachgemäßer Verwendung drohenden Gefahren wissen muß. Sichert ein solcher Verkäufer zu, daß die Sache frei von bestimmten Mängeln bzw. auf der Beschaffenheit der Sache beruhenden Gefahren sei, so ist die rechtsgeschäftliche Übernahme einer verschuldensunabhängigen Schadensersatzhaftung *als solche* nicht zu beanstanden: sie nützt ja nur dem Käufer.[79] Wohl aber ist in dem Versäumnis des Verkäufers, die wirkliche Beschaffenheit der Sache ausfindig zu machen und offenzulegen, ein neuer und anders gearteter Anknüpfungspunkt für eine Haftung gegeben, der die Grundlage für Schadensersatzansprüche aus positiver Vertragsverletzung, also wegen *pflichtwidrigen Verhaltens*, bildet. Aus der Risikobeschränkung, die für das *freundliche Entgegenkommen* des Verkäufers gilt, folgt ersichtlich nichts, was eine Prämiierung *schuldhaft rechtswidrigen Verhaltens* auch nur rechtfertigen, geschweige denn gebieten könnte.[80]

In welche Widersprüche sich die Rechtsprechung verwickelt, wenn sie diese Abgrenzungen nicht beachtet, zeigt besonders deutlich die Entscheidung des BGH im *Dispersionskleberfall*.[81]

---

[77] BGH vom 13. 7. 83, BGHZ 88, 130 (137 f); BGH vom 2. 6. 80, BGHZ 77, 215 (222) = NJW 1981, 1950 (1951 f).

[78] So zutreffend *Littbarski*, NJW 1981, 2331 ff (2335).

[79] Selbst wenn der Verkäufer positive Kenntnis vom Mangel der Sache hat, ist nicht etwa die Zusicherung unwirksam; vielmehr läßt das Gesetz den Verkäufer aus dieser Zusicherung innerhalb der Fristen des § 195 haften.

[80] *Littbarski*, NJW 1981, S. 2331 ff (2335): Es könne nicht überzeugen, „den Verkäufer für sein Verschulden auch noch durch eine Gleichstellung mit dem die Zusicherung abgebenden Verkäufer zu belohnen."

[81] BGH vom 13. 7. 83, BGHZ 88, 130.

Der Inhaber eines Fachgeschäfts für die Verlegung von Fußböden wendet sich zur Durchführung eines Großauftrages an den Hersteller eines neu auf den Markt gebrachten Kunstharz-Dispersionsklebers mit der Bitte um nähere Produktinformationen. Der Verkaufsberater des Herstellers empfiehlt den Kleber, ohne einen Hinweis auf dessen besondere Feuchtigkeitsempfindlichkeit zu geben und ohne sachdienliche Schutzmaßnahmen zur Verhinderung eines Wasserzutritts zu empfehlen. Es kommt deshalb an dem vom Kunden ausgeführten Bodenbelag zu Verwerfungen, die mit hohem Kostenaufwand von ihm beseitigt werden müssen.

Der BGH geht davon aus, daß der Verkäufer schuldhaft ihn aus dem Kaufvertrag treffende Nebenpflichten zu sachgemäßer und umfassender Aufklärung des K über die besonderen Eigenschaften des Klebers verletzt habe und demgemäß aus positiver Vertragsverletzung hafte. Zur analogen Anwendung des § 477 BGB heißt es dann wörtlich: „Es kann nicht derjenige, der – im Rahmen einer Nebenleistung zum Kaufvertrag – für eine unterlassene Aufklärung oder Beratung einzustehen hat, schärfer haften als derjenige, der mit einer ausdrücklichen Zusicherung eine besondere Gewährverpflichtung übernommen hat." Schon *Hoche* hat dieses Argument zu Recht einen „Trugschluß" genannt.[82] Selbstverständlich kann die Rechtsordnung an ein schuldhaft-rechtswidriges Verhalten (Verletzung von Beratungspflichten) schärfere Sanktionen als an ein rechtmäßiges Verhalten (Eigenschaftszusicherung) knüpfen. Der BGH fährt fort: „Hätte im konkreten Fall [der Verkäufer und Hersteller] ausdrücklich zugesichert, daß der Kleber ... feuchtigkeitsunempfindlich ist und daher ohne Verschweißen der Bodenplatten und ohne weitere Vorsichtsmaßnahmen verarbeitet werden kann, so würde [seine] Haftung gemäß § 463 BGB unzweifelhaft der kurzen Verjährungsfrist des § 477 BGB unterliegen." *Unzweifelhaft* ist dies nach der Rechtsprechung des BGH keineswegs. Hat der Hersteller aufgrund der Produktentwicklung und -erprobung die Feuchtigkeitsempfindlichkeit *gekannt*, so hat er vorsätzlich einen besonderen Vorzug des Klebers vorgespiegelt, was gemäß § 463 BGB analog zur Arglisthaftung und damit zum Ausschluß des § 477 BGB führt.[83] Hat der Hersteller derartige elementare Tests unterlassen, muß er dies wahrheitsgemäß Interessenten mitteilen, die Beratung über Verwendungsrisiken suchen. Versichert er stattdessen ohne hinreichende sachliche Grundlage, der Kleber sei nicht feuchtigkeitsempfindlich, so sind derartige „Angaben ins Blaue hinein" nach der Recht-

---

[82] *Hoche* [oben Fn. 71], S. 242.
[83] BGH vom 6. 12. 85, NJW-RR 1985, 700; BGH vom 25. 5. 83, BGHZ 87, 302 (308); BGH vom 19. 12. 80, BGHZ 79, 183 (186); OLG Köln vom 15. 3. 95, NJW-RR 1995, 881.

sprechung[84] ebenfalls als arglistiges Verhalten anzusehen, das dem Verkäufer das Privileg des § 477 BGB entzieht.

d) Das argumentum e contrario aus § 477

Gelegentlich wird dem § 477 BGB, der nur für den Fall der Arglist eine Ausnahme vorsieht, e contrario entnommen, daß die Fahrlässigkeitshaftung der kurzen Verjährung unterliege.[85]

Das vermöchte dann zu überzeugen, wenn das BGB anderweitig die Haftung für Schäden aus der fahrlässigen Lieferung mangelhafter Ware geregelt und dennoch bei § 477 BGB die Ausnahme auf den Fall der Arglist beschränkt hätte. So ist es aber nicht. Die Motive folgern aus der Regelung der (heutigen) §§ 462, 463 BGB, daß der Erwerber im Falle bloßer Fehlerhaftigkeit im Sinne des § 459 Abs. 1 BGB, „ohne Mitunterlaufen eines dolus des Veräußerers ... auf die ädilitischen Rechtsmittel beschränkt" sei.[86] Man mag darüber streiten, ob diese vielzitierte (im Zusammenhang der Erläuterungen zur Zusicherung eher beiläufige) Passage eine Fahrlässigkeitshaftung schlechterdings ausschließen oder (was ich für richtiger halte) lediglich klarstellen wollte, daß die §§ 459 ff BGB die Haftung für schuldhafte Schlechtlieferung gar nicht berühren. Im einen wie im anderen Falle gibt § 477 BGB für den genannten Umkehrschluß nichts her. Sollte eine Fahrlässigkeitshaftung generell ausgeschlossen sein, ist sie nicht indirekt (e contrario) in § 477 BGB als Verjährungsproblem gesehen und geregelt. Sollte sie durch die §§ 459 ff BGB unberührt bleiben, gilt dies auch für § 477 BGB.

3. Das Konkurrenzverhältnis der §§ 459 ff BGB zu Ansprüchen aus culpa in contrahendo

Wir kommen zu Ansprüchen aus culpa in contrahendo und können dabei noch einmal auf den soeben erörterten Dispersionskleberfall zurückgreifen. Wieso sieht der BGH eigentlich „Nebenpflichten *aus dem Kaufvertrag*" als verletzt an, wieso ist Haftungsgrundlage ein Anspruch aus positiver Vertragsverletzung und nicht aus culpa in contrahendo? Der BGH räumt selbst ein, daß der Kunde von der sachkundigen Beratung durch den

---

[84] BGH vom 29. 1. 75, BGHZ 63, 382 (388) = NJW 1975, 642; BGH vom 16. 3. 77, NJW 1977, 1055; BGH vom 29. 6. 77, NJW 1977, 1914; BGH vom 14. 3. 79, NJW 1979, 1707; BGH vom 11. 6. 79, BGHZ 74, 383 (391 f) = NJW 1979, 1886 (1888); BGH vom 8. 5. 80, NJW 1980, 2460 (2461); BGH vom 21. 1. 81, NJW 1981, 1441; BGH vom 3. 12. 86, NJW-RR 1987, 436 (437). Siehe auch OLG Celle vom 19. 12. 86, NJW-RR 1987, 744; OLG München vom 10. 6. 87, NJW 1988, 3271; OLG München vom 13. 2. 92, NJW-RR 1992, 1081; MünchKomm/*Westermann*, Rdn. 8 zu § 463.

[85] Staudinger/*Honsell*, Rdn. 23 zu § 477; Soergel/*Huber*, vor § 459 Rdn. 67.

[86] Mot. II, S. 229 = *Mugdan* II, S. 126.

Hersteller „den Abschluß des Kaufvertrages abhängig machte". Also können nur *vorvertragliche* Pflichten verletzt sein. Ist der Vertrag aufgrund
fehlerhafter Beratung zustandegekommen, kann sich nicht *aus diesem Vertrag* die Nebenpflicht ergeben, den Kunden so zu beraten, daß ihm eine
sachgerechte Entscheidung über den *Abschluß* des Vertrages ermöglicht
wird.

Des Rätsels Lösung liegt in der Konkurrenzlehre, die der BGH zum Verhältnis der culpa in contrahendo zu den §§ 459 ff BGB vertritt, und diese
Konkurrenzlehre ist der wohl folgenschwerste Ausdruck der hier kritisierten Mißverständnisse zu den §§ 459 ff, 477 BGB.

Verletzt der Verkäufer fahrlässig vorvertragliche Informationspflichten
über die Beschaffenheit der Kaufsache (genauer: über *zusicherungsfähige
Eigenschaften*[87] der Kaufsache), so soll dies (mit einer unklar formulierten
Ausnahme zugunsten von Mangelfolgeschäden) seit der „Seegrundstück"-
Entscheidung des BGH[88] keine Ansprüche des Käufers aus culpa in contrahendo begründen können.[89] *Canaris* hat diese Entscheidung „empörend
ungerecht" und „dogmatisch geradezu abwegig" genannt.[90] Die Kritik ist
in der Formulierung sehr scharf geraten, in der Sache aber durchaus zutreffend. Die kurzfristige Verjährung dient im Rahmen der Gesamtregelung
der §§ 459 ff BGB der Verteilung des *Mängelrisikos* zwischen Verkäufer
und Käufer. Derartige Risikoverteilungen sind nur in ihrem Bereich (also:
der Zuordnung von Risiken) „abschließend". Eine Haftung, die vom Verschulden unabhängig ist, verdrängt nicht eine Haftung, die vom Verschulden abhängt.[91]

Der BGH will verhindern, daß ein Käufer, dem nach den §§ 459 ff (insbesondere: §§ 460, 477) BGB keine (durchsetzbaren) Ansprüche gegen den
Käufer zustehen, hilfsweise auf die culpa in contrahendo ausweicht und
damit erreicht, was ihm das Gewährleistungsrecht versagt. Eine „Aushöh-

---

[87] Klargestellt in BGH vom 26. 4. 91, BGHZ 114, 263 (266).

[88] BGH vom 16. 3. 73, BGHZ 60, 319 („Seegrundstück"). Daß die Entscheidung „singulär" geblieben sei, wie *Medicus,* Bürgerliches Recht, 17. Aufl. 1996, Rdn. 363, annimmt,
wird durch die weitere Entwicklung der Rechtsprechung nicht bestätigt: BGH vom
19. 3. 76, WM 1976, 791; BGH vom 12. 5. 76, WM 1976, 740; BGH vom 25. 5. 77, WM
1977, 999 (1000 unter I 2 c, insoweit in BGHZ 69, 53 nicht abgedruckt); BGH vom 13. 7.
83, BGHZ 88, 130 (134); BGH vom 27. 11. 85, BGHZ 96, 302 (311); BGH vom 10. 7. 87,
NJW-RR 1988, 10; BGH vom 30. 3. 90, NJW 1990, 1658; BGH vom 26. 4. 91, BGHZ
114, 263 (266); BGH vom 2. 7. 92, NJW 1992, 2564 (2565 f); BGH vom 2. 6. 95, WM 1995,
1542 (1542 f). Siehe auch die folgende Fußnote.

[89] BGH vom 19. 3. 76, WM 1976, 791, übernimmt die „Seegrundstück"-Grundsätze
für den Werkvertrag, BGH vom 28. 11. 79, NJW 1980, 777, für den Mietvertrag.

[90] *Canaris* ZGR 1982, 395 ff, 417 Fn. 60. Nach *Flume,* AcP Bd. 193 (1993), S. 89 ff
(114) zeigt der Fall „geradezu exemplarisch, daß der Verkäufer jedenfalls aus culpa in contrahendo auf das negative Interesse haften mußte".

[91] *J. Prölss,* ZIP 1981, 337 ff (345).

lung" der §§ 459 ff BGB ist bei einer Zulassung von Ansprüchen aus culpa in contrahendo indessen nicht zu besorgen. Keinesfalls nämlich verletzt ein Verkäufer, der mangelhafte Sachen liefert, stets zumindest fahrlässig Aufklärungspflichten über die Beschaffenheit der Sache. Vor der Fahrlässigkeit steht die *Pflicht*, und es gibt keine allgemeine Pflicht, derzufolge sich jedermann vor dem Verkauf einer Sache über deren Beschaffenheit sachkundig machen müßte, um den Käufer beraten und vor etwaigen Fehlentscheidungen bewahren zu können. Es bedarf gerade beim Kauf als dem „schnelllebigen Umsatzgeschäft" besonderer Gründe, die es rechtfertigen können, die Informationsverantwortlichkeit insoweit ausnahmsweise vom Käufer auf den Verkäufer zu verlagern.[92]

Wer – insbesondere als gewerblicher Fachhändler, der mit seiner Sachkunde am Markt wirbt, oder als Hersteller/Verkäufer, der seine Produkte kennen muß – nach Treu und Glauben verpflichtet ist, bestimmte Informationen über die Beschaffenheit der Sache einem Kaufinteressenten zu geben, dessen Haftung für schuldhafte Verletzungen dieser Pflicht kann nicht dadurch berührt werden, daß ein Verkäufer, der einen solchen Informationsvorsprung nicht besitzt, nach der Risikoverteilungsregel der §§ 459, 477 BGB anteilig vom Mängelrisiko entlastet werden soll. Im Dispersionskleberfall durften Ansprüche des Kunden aus culpa in contrahendo also nicht aufgrund einer angeblichen Sperrwirkung der §§ 459 ff BGB verneint werden; und ebensowenig kommt § 477 BGB als Verjährungsnorm für Schadensersatzansprüche aus schuldhaft-pflichtwidriger vorvertraglicher Fehlberatung in Frage.

IV. Chancen einer Harmonisierung des geltenden Rechts

Zieht man diese Konsequenzen aus dem zuvor entwickelten Ansatz, so zeichnet sich die Möglichkeit ab, vielfach beklagte angebliche Unstimmigkeiten des geltenden Rechts ohne Eingreifen des Gesetzgebers auszuräumen. Obwohl sich unser Thema auf das Kaufrecht beschränkt (unten 1), muß insoweit doch auch das Recht des Werkvertrages kurz einbezogen werden (unten 2).

1. Kaufrecht

Sieht man weniger auf die Begründungen als vielmehr auf die Ergebnisse der Rechtsprechung, so sind die hier entwickelten Forderungen weit weniger einschneidend als sie auf den ersten Blick scheinen mögen. Die Recht-

---

[92] *Esser/Weyers*, Schuldrecht, Bd. II, Besonderer Teil, 7. Aufl. 1991, § 6 II 3 a (S. 71); *Palandt/Putzo*, § 433 Rdn. 17; *Staudinger/Honsell*, § 433 Rdn. 126.

sprechung hat nämlich ein umfangreiches Instrumentarium zur Kontrolle und Korrektur der analogen Anwendung des § 477 BGB entwickelt[93], das konstruktiv vielfach wenig überzeugend wirkt, sachlich aber erstaunlich konsistent in die hier vertretene Richtung weist: Muß vom Verkäufer erwartet werden, daß er den Mangel der Sache oder die sonstigen, den Käufer gefährdenden Umstände kennt und den Käufer kraft seiner überlegenen Kenntnis vor einer Verwirklichung dieser Gefahren schützt, so ist § 477 BGB im Ergebnis schon heute weithin ausgeschaltet.

Ich erinnere an den eingangs genannten *Tankverwechslungsfall*.[94] Ein Fachhändler, der vom Käufer bestelltes Benzin anzuliefern hat, kann und muß sicherstellen, daß er die richtige Sorte in den richtigen Tank schüttet. Also handelt es sich nicht lediglich um ein Risiko nach dem Muster: „Niemand schaut in den Tanklaster hinein, niemand kann wissen, was sich nach der Befüllung in welchem Tank befindet." *Deshalb* ist § 477 BGB nicht einschlägig, und dies gilt unabhängig davon, ob der Händler zufällig zwei Sorten oder nur eine Sorte anzuliefern hat.

Der Fall ist also im Ergebnis richtig entschieden. Nicht überzeugend – und vom hier vertretenen Standpunkt aus nicht erforderlich – ist die konstruktive Ableitung dieses Ergebnisses aus der Prämisse, daß lediglich Nebenpflichten verletzt worden seien.

Die sachlich allein richtige Ausschaltung des § 477 BGB wäre dem BGH freilich auch dann gelungen, wenn die Tuning Firma nur Super-Benzin bestellt hätte und stattdessen versehentlich Normal-Benzin in den Tank gefüllt worden wäre. Dann nämlich kann dem Mängelgewährrecht mit der Begründung ausgewichen werden, es sei nicht einmal Ware der geschuldeten Gattung, sondern ein nicht genehmigungsfähiges *aliud* geliefert worden. Eine solche aliud-Lieferung unterliegt nach der Rechtsprechung dem allgemeinen Leistungsstörungsrecht[95], nicht den Sondervorschriften über Sachmängel, und damit kommt § 477 BGB nicht zur Anwendung.[96] Illustrativ ist der vom BGH auf diesem Wege entschiedene „Spannbetttücherfall":[97]

---

[93] Der Zusammenhang zwischen den im Folgenden zu erörternden Rechtsprechungsentwicklungen und § 477 BGB wird im Schrifttum vielfach hervorgehoben: Siehe z. B. *Esser/Weyers* [vorige Fn.], § 5 III 4 (S. 53), § 6 II 3 b am Ende (S. 72) und § 6 IV 1 (S. 76); *H. Honsell*, Jura 1979, S. 184 ff (195) sowie den Abschlußbericht der Schuldrechtskommission [oben Fn. 2], S. 24. Was weniger bemerkt wird, ist, daß in den typischen Fällen und Fallgruppen stets die *analoge Anwendung des § 477 BGB* zur Debatte steht und es also nur darum gehen kann, *der Analogie* „auszuweichen".

[94] Oben I, 1 bei Fn. 16.

[95] BGH vom 9. 10. 91, BGHZ 115, 286 (293 ff); BGH vom 23. 11. 88, NJW 1989, 218 (219).

[96] BGH vom 8. 3. 67, JZ 1967, 321 (322); BGH vom 16. 5. 84, NJW 1984, 1955 (1955).

[97] BGH vom 23. 3. 94, NJW 1994, 2230.

Ein in der Schweiz ansässiges Unternehmen bestellt beim deutschen Hersteller einen größeren Posten „Spannbettücher". Laut ausdrücklicher Vereinbarung wird „EG-Ursprungsware" geschuldet, die zollfrei in die Schweiz eingeführt werden kann. Eine Untersuchung durch die Schweizer Zollbehörden, die im Wege der Amtshilfe Betriebsprüfungen bei der deutschen Lieferantin durchführen lassen, ergibt später, daß die an die Käuferin ausgelieferten Spannbettücher teilweise keine Ursprungswaren im Sinne des Präferenzabkommens waren. Gegen den Käufer werden Zollnachbezugsverfügungen in beträchtlicher Höhe erlassen. Der Käufer verlangt vom Verkäufer Ersatz der geleisteten Beträge – nach Ablauf der Fristen des § 477 BGB.

Vom Hersteller muß erwartet werden, daß er über den Ursprung der von ihm gelieferten Ware zumindest die Kenntnisse hat, die sich später die Steuerfahndung bei einer Durchsuchung seines Betriebes zu verschaffen vermag. Das Argument „Niemand schaut in die Sache hinein ..." wird man aus seinem Munde nicht hören wollen. *Deshalb* fehlt es an den Voraussetzungen für eine Risikoentlastung gemäß § 477 BGB, während die diffizilen Distinktionen zwischen einer mangelhaften Gattungssache und einem „aliud"[98] schlechterdings nicht zu erhellen vermögen, was die völlig unterschiedliche Verjährung rechtfertigen könnte.[99]

Ist an der Zugehörigkeit der gelieferten Sache zur geschuldeten Gattung nicht zu rütteln, so läßt sich doch danach differenzieren, ob der die Verwendungsfähigkeit der Sache beeinträchtigende Umstand zu deren *Eigenschaften* gehöre oder nicht. Fehlt der *unmittelbare* Bezug zur *Beschaffenheit der Sache*, ist nach der Rspr. der Analogiebereich verlassen, und dieser Ausweg gerät nicht selten zur Gratwanderung.

Die Beklagte verkauft technische Ausrüstungen für chemische Reinigungen und Wäschereien. Sie verfügt über besondere Erfahrungen bei der Umrüstung älterer Betriebe und bietet für derartige Vorhaben eine umfassende Beratung und Planung an. Der branchenfremde Kläger nimmt diese Dienste bei der Modernisierung eines von ihm zur Existenzgründung erworbenen Wäschereibetriebes in Anspruch. Ein Repräsentant der Beklagten besichtigt den Betrieb und empfiehlt u. a. den Erwerb eines gasbeheizten Wäschetrockners, den der Kläger daraufhin im Frühsommer von der Beklagten bezieht. Während der winterlichen Heizperiode kommt es zu starkem Rauchrückstau in den übrigen Mietwohnungen des Gebäudes, die auf die Entlüftung des Trockners über den Kamin des Hauses zurückzuführen und nicht zu beheben sind. Das Gewerbeaufsichtsamt untersagt den weiteren Betrieb des Trockners. Ein Sach-

---

[98] Daß es an einem geeigneten Abgrenzungsmaßstab fehlt, hat *Singer*, ZIP 1992, 1058 (1059 ff) eindringlich dargelegt und die Konsequenzen für die Anwendung des § 477 BGB im Einzelfall als geradezu „willkürlich" bezeichnet (S. 1062).

[99] Eine Auswahl von Entscheidungen des RG wie des BGH zu aliud-Lieferungen, bei denen es „immer um die Ausschaltung der kurzen Verjährungsfrist des § 477 BGB" gegangen sei, nennt *Flume*, AcP Bd. 193, (1993), 89 ff (95 f). *Flume* weist zu Recht darauf hin, daß „die aliud-Lieferung in aller Regel dem Verkäufer als schuldhaft zuzurechnen sein" dürfte (aaO S. 96), der Verkäufer somit aus positiver Vertragsverletzung hafte. „Für die Haftung aus positiver Vertragsverletzung aber sollte allgemein gelten, daß für sie nicht die Verjährungsregelung des § 477 BGB anzuwenden ist" (aaO S. 96 und näher S. 114 ff).

verständiger ermittelt, daß der Kamin nicht den Mindestquerschnitt aufweist, den der Trockner benötigt. Der Repräsentant der Beklagten hatte hierzu keine Feststellungen getroffen, als er den Kauf des Gerätes empfahl.[100]

Es liegt auf der Hand, daß § 477 BGB der Beklagten nicht zugute kommen darf. Ob der Trockner in dem alten Gebäude überhaupt betrieben werden konnte, mußte und konnte von der Spezialfirma im Rahmen der gewerblich angebotenen Beratung nicht sachkundiger Kunden geklärt werden. Auch der BGH geht von einem Beratungsverschulden aus, hat damit allein aber die Klippe des § 477 BGB noch nicht umgangen. Insoweit soll es vielmehr darauf ankommen, „ob ein die Verwendungsfähigkeit der Kaufsache beeinflussender Umstand, der nicht in der Beschaffenheit selbst, sondern in den baulichen Gegebenheiten ihres Aufstellungsortes seinen Grund hat, der Sache ,anhaftet' und daher eine Eigenschaft darstellt."[101] Am Merkmal der „Eigenschaft" wird die analoge Anwendung des § 477 BGB festgemacht, und die „Eigenschaft" als Bezugspunkt des Beratungsverschuldens muß somit verneint werden, soll das Ergebnis stimmen.

Der BGH räumt ein, daß der Trockner zwar „seiner Bauart entsprechend" eine bestimmte Menge Abluft erzeuge. Das ist gewiß ein Merkmal, das der Sache selbst anhaftet. Die „optimale Ableitbarkeit dieser Abluft" sei aber „kein dem Trockner selbst anhaftendes Merkmal", sondern „ein von außen herantretender Umstand", also keine Eigenschaft des Trockners, und damit greife „die Verjährungsvorschrift des § 477 BGB nach ihrem Grundgedanken" nicht ein. Es wäre schlimm um § 477 BGB bestellt, wenn sich nur in Distinktionen wie dieser der Grundgedanke der Vorschrift umsetzen ließe. Der BGH vollbringt das Kunststück, an die Stelle der Abluft, die der Ofen erzeugt, deren „optimale Ableitbarkeit" zu setzen, um aus dem Problem, das vom Ofen ausgeht, einen Umstand zu machen, der „von außen an den Ofen herantritt". Selbst wenn dem aber so sein sollte, bleibt die Frage, warum der Verkäufer schlechter steht, wenn er die „von außen" an den Trockner herantretenden Probleme verkennt, und privilegiert wird, wenn er über Umstände falsch berät, die dem Trockner selbst anhaften.

Alle genannten Fälle haben gemeinsam, daß der Verkäufer den Umstand kennen mußte, der die kunstvollen Abgrenzungsargumente herausfordert. Es bleibt festzuhalten, daß selbst auf dem Umweg über begriffliche Unterscheidungen, die das Kriterium des „Kennenmüssens" nicht in sich tragen, vielfach Ergebnisse erzielt werden, die mit dem Risikoverteilungsmodell als Grundgedanken des § 477 BGB übereinstimmen. Diese Übereinstimmung ist bei anderen Rechtsprechungsentwicklungen schon deshalb gesichert, weil zur Begründung der Haftung auf ein Informationsverschulden des Verkäufers abgestellt werden kann.

---

[100] BGH vom 12. 6. 85, NJW 1985, 2472.
[101] So der der Entscheidung vorangestellte Leitsatz.

Schon das römische Recht kannte die Ausweitung des „dolus" als Instrument zur Eindämmung der kurzen Fristen der ädilizischen Rechtsbehelfe. Diese Tradition wirkt in der Rechtsprechung zu sog. *„Angaben ins Blaue hinein"* fort[102], die den Vorwurf der Arglist selbst dann zu begründen vermögen, wenn der Verkäufer von der Richtigkeit seiner (in Wirklichkeit unzutreffenden) Angaben überzeugt ist.[103] Stets geht es um Fälle, in denen vom Verkäufer schlechterdings erwartet werden muß, daß er die Unrichtigkeit seiner Angaben kennt, und der Käufer besonderen Anlaß hat, auf die Richtigkeit der Angaben des Verkäufers zu vertrauen. Wer kraft überlegener Sachkunde oder spezifischer Nähe zu den relevanten Informationen bessere Kenntnis haben muß als der Käufer, soll nicht in den Genuß des § 477 BGB kommen, wenn sich die Angaben als unzutreffend erweisen. Das entspricht der hier erhobenen Forderung.

Ein Gebrauchtwagen-Fachhändler verkauft einen exklusiven Sportwagen und gibt zur Frage nach der Unfallfreiheit ungeprüft die Erklärung des Vorbesitzers weiter, der Wagen habe „nur kleine Blechschäden" gehabt. In Wirklichkeit sind aufgrund eines schweren Unfalls gravierende Schweißarbeiten an dem Wagen durchgeführt worden, was einem Fachhändler nicht entgehen durfte und konnte: § 477 BGB gilt nicht[104], weil – so der BGH – ein fachkundiger Verkäufer, der „ins Blaue hinein" unrichtige Angaben über die Beschaffenheit der Kaufsache mache, *arglistig* handle. Einer derartigen Ausweitung des Vorsatz-Erfordernisses bedarf es nach der hier vertretenen Ansicht nicht, es genügt, daß der Verkäufer aufgrund seiner besonderen Sachkunde das wirkliche Ausmaß der Schäden erkennen konnte und deshalb die Fehlinformation des Vorbesitzers nicht ungeprüft weitergeben durfte.

Auch ·die Rechtsprechung zu „selbständigen Beratungsverträgen"[105] wird man hier anführen dürfen. Indiz für den stillschweigenden Abschluß eines solchen Vertrages ist insbesondere die überlegene Sachkunde[106] des Auskunftgebers, Rechtsfolge eine nicht dem § 477 BGB unterliegende Haftung für schuldhafte Fehlberatung, und dies selbst dann, wenn sich die Beratung auf Sacheigenschaften, insbesondere die Verwendungsfähigkeit einer Sache für den vorgesehen Zweck bezieht.[107]

---

[102] Nachweise oben Fn. 84.

[103] BGH vom 8. 5. 80, NJW 1980, 2460 (2461).

[104] BGH vom 18. 3. 81, NJW 1981, 1441 (1442); siehe auch BGH vom 29. 1. 75, BGHZ 63, 382; BGH vom 16. 3. 77, NJW 1977, 1055; BGH vom 3. 12. 86, NJW-RR 1987, 436.

[105] Dazu aus neuerer Zeit vor allem BGH vom 30. 5. 90, NJW-RR 1990, 1301; BGH vom 19. 3. 92, NJW-RR 1992, 1011.

[106] Der stillschweigende Abschluß eines Auskunftsvertrages „ist regelmäßig dann anzunehmen, wenn die Auskunft für den Empfänger erkennbar von erheblicher Bedeutung ist und er sie zur Grundlage wesentlicher Entschlüsse machen will; dies gilt insbesondere in Fällen, in denen der Auskunftgeber für die Erteilung der Auskunft besonders sachkundig oder ein eigenes wirtschaftliches Interesse bei ihm im Spiel ist" (BGH vom 16. 6. 88, BGHR BGB § 676 Auskunftsvertrag 1 m. w. N.).

[107] Nachweise wie oben Fn. 105.

Vor allem aber ist auf die mit der „Frostschutzmittel"-Entscheidung[108] des BGH einsetzende „Renaissance des Deliktsrechts" zur Gewährung verjährungssicherer Ansprüche des Käufers in Fällen zu verweisen, in denen die Lieferung mangelhafter Sachen zu Mangelfolgeschäden (Körperverletzungen, Sachschäden) geführt hat: § 823 Abs. 1 BGB setzt Verschulden voraus und trägt somit das hier geforderte Unterscheidungsmerkmal in sich. Die von den Fesseln des § 477 BGB befreite Hinwendung zum Deliktsrecht geht so weit, daß sogar Schäden an der Kaufsache selbst unter gewissen Voraussetzungen liquidiert werden können.[109] Da der Deliktsanspruch an ein Verschulden des Beklagten gebunden ist, liegt auch dieser Entwicklung die Wertung zugrunde, daß die kurze Verjährung unangemessen ist, wenn der Beklagte die schadensstiftende Beschaffenheit der Kaufsache kennen muß.[110]

Umgekehrt lassen sich auf § 477 BGB gestützte Klageabweisungen nur dann gegen die hier vertretene Ansicht zu Felde führen, wenn es sich um Fälle handelt, in denen belegt ist, daß der Beklagte die mangelhafte Beschaffenheit der Sache kennen mußte. Diesem Kriterium genügt gerade die am ausführlichsten begründete neuere Entscheidung des BGH[111] zur analogen Anwendung des § 477 BGB auf Ansprüche aus positiver Forderungsverletzung nicht.

Die Klägerin hatte den Auftrag, für eine Turnhalle einen Holzfußboden unter Verwendung von Spanplatten der Normentype „V 100" zu errichten. Sie bestellte diese Platten bei der Beklagten, ohne auf den besonderen Verwendungszweck und die zu erwartenden Druckbelastungen im einzelnen hinzuweisen. Die Beklagte nahm die Bestellung entgegen, leitete sie an ihren Vorlieferanten weiter und lieferte die von diesem erhaltenen Platten direkt auf der Baustelle an. Wie ein Gutachter später ermittelt, entsprachen die Platten hinsichtlich Biegefestigkeit und Querzugsfestigkeit nicht den für Spanplatten der Type V 100 maßgeblichen Mindestbedingungen. Der von der Klägerin mit den Platten ausgeführte Turnhallenboden zeigte deshalb nach einiger Zeit der Benutzung Schäden. Die Klägerin mußte den gesamten Holzbelag auswechseln und verlangt mit der Klage Erstattung ihrer Aufwendungen. Die Beklagte wendet ein, daß sie an der Lieferung mangelhafter Platten kein Verschulden treffe, und beruft sich hilfsweise auf Verjährung. Das Berufungsgericht hat Zweifel, ob ein Verschulden der

---

[108] BGH vom 24. 5. 76, BGHZ 66, 315.

[109] Grundlegend BGH vom 24. 11. 76, BGHZ 67, 359 („Schwimmerschalter"); seither insbesondere BGH vom 5. 7. 78, NJW 1978, 2241 (2242 f); BGH vom 18. 1. 83, BGHZ 86, 256 (257 f); BGH vom 14. 5. 85, NJW 1985, 2420; BGH vom 12. 2. 92, BGHZ 117, 183 (187 ff); BGH vom 24. 3. 92, NJW 1992, 1678.

[110] Mit *Peters/Zimmermann* [oben Fn. 2], S. 205, ist in dieser „Entwicklung zurück zu einer sachgerechten Verjährungsnorm" die „Kompensation eines Fehlers durch einen weiteren" zu sehen. Der erste „Fehler" liegt aber m. E. nicht in § 477 BGB als solchem, sondern in dessen analoger Anwendung auf Ansprüche aus positiver Vertragsverletzung.

[111] BGH vom 2. 6. 80, BGHZ 77, 215. In der Amtlichen Sammlung sind allerdings gerade die Teile des Urteils nicht enthalten, die näheren Aufschluß über die Frage des Verschuldens geben können. Siehe insoweit den Abdruck in NJW 1980, 1950.

Beklagten als Voraussetzung für einen Anspruch aus positiver Vertragsverletzung schlüssig behauptet ist, läßt dies aber dahingestellt, weil ein etwaiger Anspruch jedenfalls verjährt sei. Dem folgt der BGH.

Von mehr als einem „etwaigen Anspruch" aus positiver Vertragsverletzung wird man hier nicht sprechen wollen. Es fehlt an jedem Anhaltspunkt dafür, daß die Beklagte die mangelhafte Beschaffenheit der von ihr gelieferten Platten hätte kennen müssen.[112] Die Klage mußte deshalb im Ergebnis abgewiesen werden. Das mag es dem BGH erleichtert haben, diese Klageabweisung hier mit ausführlicher Begründung auf § 477 BGB zu stützen.[113] Doch kommt es auf die Frage der Verjährung von Ansprüchen aus positiver Vertragsverletzung nicht entscheidend an, wenn schon das Verschulden des Verkäufers zu verneinen ist.

2. Abstimmung mit dem Werkvertragsrecht

Der Reformentwurf der Schuldrechtskommission verfolgt nicht zuletzt das Ziel, Unstimmigkeiten zwischen dem Recht des Kaufvertrages und dem Recht des Werkvertrages zu überwinden.[114] An diesem Ziel müssen sich auch die hier vorgetragenen Vorschläge messen lassen. Dabei sind zwei Fragenkreise zu unterscheiden, nämlich die Verjährung von Ansprüchen auf Ersatz von *Mangelschäden* einerseits, von Ansprüchen auf Ersatz von *Mangelfolgeschäden* andererseits.

a) Mangelfolgeschäden

Was zunächst schuldhaft verursachte Mangelfolgeschäden betrifft, so ergibt sich vom hier vertretenen Standpunkt aus ein deutlicher Gleichlauf von Kaufrecht und Werkvertragsrecht. Liefert der Verkäufer schuldhaft mangelhafte Ware, so haftet er dem Käufer aus positiver Vertragsverletzung. Auf diesen Anspruch ist § 477 BGB nicht analog anzuwenden.[115] Das entspricht dem Recht des Werkvertrages. Die Rechtsprechung klammert bekanntlich Mangelfolgeschäden aus dem Schadensersatzanspruch gemäß

---

[112] Siehe auch *Köhler*, JuS 1982, 13 ff (14 bei Fn. 17), sowie zur grundsätzlichen Verneinung von Untersuchungspflichten bei bloßen Zwischenhändlern BGH vom 25. 9. 68, NJW 1968, 2238 (2239).

[113] Entsprechendes gilt für BGH vom 16. 5. 84, NJW 1984, 1955. Hier hatte der Geschäftsführer einer fachkundigen Firma für den Kläger Rohre beim beklagten Händler bestellt, die dieser vom Hersteller bezog und unmittelbar an den Kläger auslieferte. Im Sachverhalt wird nichts mitgeteilt, was darauf schließen ließe, daß der Händler die mangelnde Eignung der Rohre für den vom Kläger geplanten Verwendungszweck hätte kennen müssen.

[114] Abschlußbericht [oben Fn. 2], S. 22 f., S. 32 f.

[115] Oben III 2.

42

§ 635 BGB grundsätzlich[116] aus[117], füllt diese Lücke mit der positiven Vertragsverletzung als Anspruchsgrundlage und unterstellt diese Ansprüche *nicht* den kurzen Verjährungsfristen des § 638 BGB.[118] Kurz: Im Recht des Werkvertrages ist verwirklicht, was hier entsprechend für den Kauf gefordert wird. Damit kann für Ansprüche aus positiver Vertragsverletzung auf Ersatz von Mangelfolgeschäden vielfach auf die Abgrenzung beider Vertragstypen voneinander verzichtet werden. Ein anschauliches Beispiel liefert die „Druckkessel"-Entscheidung des BGH:[119]

> Im Betrieb des K explodiert ein Druckkessel, den K von F – einem gewerblichen Hersteller von Heiz- und Dampfdruckanlagen – gebraucht gekauft hatte und den F für die Zwecke des K umgebaut und repariert hatte. Zwei Arbeitnehmer des K werden getötet, die Berufsgenossenschaft nimmt wegen der an die Angehörigen gezahlten Geldbeträge bei K Regreß.[120] K verlangt von F Erstattung dieser Beträge. Unstreitig war der Kessel schon seiner Bauart nach für die bei K vorgesehene Verwendung völlig ungeeignet, ganz abgesehen von Beschädigungen, die der Kessel bei den Reparaturarbeiten erlitten hatte. Dies alles hätte, wie der BGH betont, der F „als Fachmann für Druckkessel erkennen können"; angesichts der ihm bekannten Umstände „mußte er sich sagen, daß der Kessel jeden Augenblick in die Luft fliegen konnte."

Gleichgültig, ob man hier an die schuldhafte Lieferung eines für die Zwecke des Käufers ungeeigneten Kessels oder an die mangelhafte Reparatur oder an eine unsachgemäße Beratung des Käufers oder an unterlassene Warnungen über die vom Kessel ausgehenden Gefahren anknüpft:[121] Es kommt nicht auf Vertragstyp und vertragsspezifische Unterschiede, sondern allein auf die überlegenen fachspezifischen Kenntnisse des F an, die den Vorwurf begründen, daß er den Mangel hätte kennen müssen, und damit eine kurze Verjährung (§§ 477, 638 BGB) der Ersatzansprüche des K ausschließen.

---

[116] Eine Ausnahme macht die Rechtsprechung für solche Mangelfolgeschäden, die eng und unmittelbar mit dem Mangel zusammenhängen, was hier nicht weiterverfolgt werden soll.

[117] BGH vom 27. 4. 61, BGHZ 35, 130 (132 f); BGH vom 20. 1. 72, BGHZ 58, 85 (87 ff); BGH vom 10. 6. 76, BGHZ 67, 1 (5 ff); BGH vom 22. 3. 79, NJW 1979, 1651; BGH vom 25. 6. 91, BGHZ 115, 32 (34 f); BGH vom 8. 12. 92, NJW 1993, 923 (924).

[118] BGH vom 28. 11. 66, BGHZ 46, 238; BGH vom 10. 6. 76, BGHZ 67, 1 (5 ff); BGH vom 5. 5. 83, BGHZ 87, 239 (241 ff); BGH vom 30. 6. 83, NJW 1983, 2439; BGH vom 20. 12. 84, WM 1985, 663.

[119] BGH vom 28. 3. 66, VersR 1966, 655.

[120] Hintergrund: K hatte den Kessel nicht durch die zuständigen amtlichen Stellen abnehmen lassen.

[121] Nach BGH aaO „handelt es sich hier um einen Anspruch aus positiver Vertragsverletzung wegen Verletzung von Belehrungs- und Aufklärungspflichten in Zusammenhang mit einem Beratungsvertrag (Kauf des Kessels) und Werkverträgen (Umbau sowie Reparaturen des Kessels)." Für Ansprüche auf Ersatz von Folgeschäden aus solchen Vertragsverletzungen gelte die 30jährige Verjährung des § 195 BGB. Die Ablehnung der §§ 477, 638 BGB ist korrekt, der Umweg über einen Beratungsvertrag unnötig und wenig einsichtig.

b) Mangelschäden

Es bleiben die Mangelschäden. Hierfür ist § 635 BGB Anspruchsgrundlage und § 638 BGB Verjährungsnorm. § 635 BGB gewährt den Schadensersatzanspruch, wenn der Unternehmer den Mangel (im Sinne der §§ 276 ff BGB) zu vertreten hat. Damit unterstellt das Gesetz – anders als beim Kaufvertrag – einen auf Verschulden beruhenden Gewährleistungsanspruch der kurzen Verjährung. Hieraus sind stets Rückschlüsse auf das Kaufrecht gezogen worden. Schon das Reichsgericht hat in § 638 BGB einen „Anhalt" für die verjährungsrechtliche Gleichbehandlung von Gewährleistungshaftung und Verschuldenshaftung im Rahmen des § 477 BGB gefunden.[122] *Enneccerus/Lehmann* sehen das Argument, § 477 BGB passe nicht auf Verschuldenshaftungen des Verkäufers, als durch § 638 BGB „widerlegt" an.[123]

Die Kritik ist insoweit berechtigt, als im älteren Schrifttum die kurze Verjährung der kaufrechtlichen Gewährleistungsansprüche kurzerhand als *Ausgleich* für die den Verkäufer belastende *verschuldensunabhängige Haftung* angesehen wurde[124], während sie richtigerweise als Begrenzung des vom Verkäufer zu tragenden *Mängelrisikos* verstanden werden muß. Im Kaufrecht wird die Notwendigkeit eines solchen umfassenderen Ansatzes leicht übersehen, weil der Verkäufer nach dem Leitbild des Gesetzes über besondere Warenkenntnisse nicht verfügen muß und die Lieferung einer mangelhaften Sache unter solchen Umständen regelmäßig keinen Verschuldensvorwurf begründet.

Anders beim Werkvertrag. Da der Werkunternehmer über die für seinen Tätigkeitsbereich erforderliche Sachkunde verfügen muß, hat er Mängel des Werkes in aller Regel im Sinne der §§ 276 ff BGB zu vertreten. Denn die im Verkehr erforderliche Sorgfalt richtet sich nach den fachspezifischen Standards, und diese sind gerade so ausgelegt, daß sie eine mangelfreie Herstellung des Werkes ermöglichen.[125] Würde der Werkunternehmer daher für von ihm zu vertretende Mängel ohne die zeitliche Begrenzung der kurzen Gewährleistungsfristen einzustehen haben, trüge er das Mängelrisiko faktisch allein. Eine solche Lastenverteilung ist aber durch die typische Entgeltvereinbarung nicht gedeckt, und eine vollständige Abdeckung dieses

---

[122] RG vom 19. 12. 02, RGZ 53, 200 (204).

[123] *Enneccerus/Lehmann* [oben Fn. 71], § 112 I 3 a, Anm. 6. Siehe auch *Krapp* [oben Fn. 1], S. 133 ff.

[124] *Walter*, Kaufrecht, § 5 II 8 a (S. 237) sieht darin den Grund, warum die kurze Zeitdauer der Verjährung unabhängig von der Kenntnis des Käufers „nie als unbillig empfunden worden" war.

[125] Umgekehrt formuliert: Ein Verstoß gegen die anerkannten Regeln des Faches begründet i. d. R. einen Mangel des Werkes (*Palandt/Thomas*, § 633 Rdn. 2; *Staudinger/ Peters*, § 633 Rdn. 36), den der Unternehmer zu vertreten hat, da von ihm verlangt wird, daß er die Regeln seines Faches beherrscht (*Palandt/Thomas*, § 631 Rdn. 12; *Staudinger/Peters*, § 635 Rdn. 9).

Risikos im Entgelt vorzusehen ist nicht Sache des Gesetzes, sondern der Parteien. Insoweit gilt nichts anderes als beim Kaufvertrag.

Es mag auf den ersten Blick befremdlich wirken, beim Werkvertrag von einem Mängel„*risiko*" in Fällen zu sprechen, in denen der Unternehmer *schuldhaft* ein mangelhaftes Werk hergestellt hat. Ersichtlich stellt sich aber beim Werkvertrag im Hinblick auf Mängel, die bei fachgerechter Arbeit des Unternehmers und seiner Erfüllungsgehilfen zu vermeiden waren, dem fertigen Werk aber nicht mehr anzusehen sind, dasselbe Problem wie beim Kaufvertrag: Mit zumutbarem Aufwand, der in der regelmäßigen Entgeltvereinbarung abgedeckt werden kann, läßt sich nicht mit Sicherheit feststellen, ob die Sache wirklich mangelfrei ist. Insoweit hat § 638 BGB im Hinblick auf Mängel, die der Unternehmer zu vertreten hat, die gleiche Funktion wie § 477 BGB, nämlich, wie der BGH zutreffend formuliert hat, „den Werkunternehmer nach nicht allzulanger Zeit von dem Risiko (!) der Haftung für Mängel seines Werkes freizustellen."[126]

Für *rechtspolitisch* verfehlt halte ich unter diesem Aspekt § 638 BGB allerdings insoweit, als auch Schadensersatzansprüche gemäß § 635 BGB erfaßt werden, denen ein *grobes* Verschulden des Werkunternehmers oder seiner Erfüllungsgehilfen zugrundeliegt. Kleinere Nachlässigkeiten in den Ausgleichsmechanismus des § 638 BGB einzubeziehen, erscheint unter dem Risikoverteilungskonzept ebenso gerechtfertigt wie es diesem widerspricht, den Werkunternehmer in Fällen zu entlasten, in denen das Einfachste außer acht gelassen worden ist, was lege artis zu beachten und bei einer Überprüfung zu erkennen war. Die neuere Entwicklung der Rechtsprechung zu § 638 BGB läßt vermuten, daß auch der BGH hier „Korrekturbedarf" sieht. Wenn einem Unternehmer, der ein Bauwerk arbeitsteilig errichten läßt, gravierende Fehler in der Ausführung nicht zur Kenntnis gelangen, so läßt dies nach der „Flachdach"-Entscheidung des BGH[127] darauf schließen, daß der Unternehmer keine hinreichenden organisatorischen Voraussetzungen geschaffen hat, um sachgerecht beurteilen zu können, ob das Werk mangelfrei ist. In einem solchen Fall „verjähren Mängelgewähransprüche des Bestellers – *wie bei arglistigem Verschweigen* – erst nach dreißig Jahren, wenn der Mangel bei richtiger Organisation entdeckt worden wäre."[128] Die Gleichstellung solcher Fälle mit der „Arglist" des Unternehmers mag methodisch fragwürdig sein[129], die auf diesem Wege gewonnene Eingrenzung des § 638 BGB ist sachgerecht.

---

[126] BGH vom 20. 1. 72, BGHZ 58, 85 (90).
[127] BGH vom 12. 3. 93, BGHZ 117, 318 = JZ 1992, 1019 m. Anm. Derleder S. 1021 ff = LM § 638 BGB Nr. 77 mit Anm. *Koeble*.
[128] So der Leitsatz der Entscheidung (Hervorhebung hinzugefügt).
[129] Dazu die Kritik von *Rutkowsky*, NJW 1993, 1748 f.

3. Die eigentliche Abgrenzungsaufgabe

Vergleicht man die Rechtsprechung zu Kauf- und Werkvertrag, so erscheinen die Differenzen geringer, als die ganz unterschiedlichen Ausgangspunkte der Rechtsprechung auf den ersten Blick nahelegen möchten. Hier wie dort geht es bei der Reichweite der kurzen Verjährung um die Frage, was als ein in der vertraglichen Äquivalenzvereinbarung erfaßtes und verteiltes Mängelrisiko angesehen werden kann. Hier wie dort ist davon der Bereich abzugrenzen, in dem vom Schuldner erwartet werden muß, daß er die mangelhafte Beschaffenheit der Leistung kennt und den anderen Teil vor den sich hieraus ergebenden Gefahren und Nachteilen schützt. Die Trennlinie zwischen diesen beiden Bereichen sachgerecht zu bestimmen, ist das eigentliche Problem der Anwendung der §§ 477, 638 BGB. Im Kaufrecht liegen die Dinge insoweit einfacher als im Recht des Werkvertrages, weil das nur ausnahmsweise zu bejahende Verschulden des Verkäufers als Abgrenzungskriterium zu dienen vermag.

Der Entwurf will die Notwendigkeit, zwischen diesen beiden Bereichen zu unterscheiden, durch die Einführung einer einheitlichen Verjährungsfrist beseitigen. Das könnte nur dann gelingen, wenn sich der Gleichlauf von Gewährleistungsfristen und Verjährungsfristen für Ansprüche aus schuldhaften Vertragsverletzungen durch das Recht der Allgemeinen Geschäftsbedingungen strikt absichern ließe. Dem aber steht entgegen, daß eine Verkürzung der *Gewährleistung* auf einen Zeitraum von weniger als drei Jahren weithin den Kunden nicht unangemessen benachteiligt und somit AGB-rechtlich zulässig sein muß, während eine Einschränkung der Haftung für *schuldhafte Pflichtverletzungen* der wesentlich strengeren Kontrolle des § 11 Nr. 7 AGBG unterliegt. Der Unterschied ist vor allem für Mängel bedeutsam, die sich erst nach Ablauf der (verkürzten) Gewährleistungsfrist zeigen: Der Ausschluß der *Gewährleistung* entspricht der vertraglichen Verteilung des Mängelrisikos, während die faktische Freistellung des Verkäufers von der Haftung für schuldhaft verursachte Mangelfolgeschäden nicht hinnehmbar ist.

V. Nochmals: Abschied von § 477 BGB?

Lassen Sie mich abschließend das Fazit für den aktuellen Ausgangspunkt unseres Themas ziehen.

Folgt man der hier entwickelten Interpretation des § 477 BGB, so erscheint der Reformbedarf in einem anderen Licht. Im *unmittelbaren Anwendungsbereich* beschränkt sich § 477 BGB auf eine Verteilung des Mängelrisikos, die man kaum als unangemessen verkäuferfreundlich wird be-

zeichnen können.[130] Man mag darüber streiten, ob man den vom Verkäufer
zu tragenden Risikoanteil durch eine Erweiterung der Frist auf *ein Jahr* er-
höhen sollte, wie das auf dem Umweg über das AGB-Recht nach den Vorschlägen der Kommission bei den Massengeschäften des täglichen Lebens
als neuer Standard zu erwarten ist.[131] Der eigentliche Stein des Anstoßes ist
die *analoge* Anwendung des § 477 BGB auf Schadensersatzansprüche aus
positiver Vertragsverletzung, denen der Vorwurf zugrundeliegt, der Verkäufer hätte die mangelhafte Beschaffenheit der Sache kennen können und
müssen. Diese Analogie, nicht § 477 BGB als solcher, ist sachlich verfehlt.[132]
Sie ist aufzugeben, und dies zu tun liegt in der Macht der Rechtsprechung.[133]

Die Reformvorschläge drohen demgegenüber, durch die ausdrückliche
Gleichstellung von reiner Risikohaftung und Verschuldenshaftung Fehler
im Verständnis des § 477 BGB gesetzlich festzuschreiben. Es ist unschwer
vorherzusehen, daß auf dem Wege über das Recht der Allgemeinen Geschäftsbedingungen die altbekannten Probleme in neuem Gewand auftreten werden.[134] Hierüber sollte das letzte Wort noch nicht gesprochen sein.

---

[130] Dazu oben II.

[131] Oben I 2 (bei Fn. 25). Daß die Regel für Massengeschäfte sich aus dem Gesetz ergibt, scheint mir zudem der ehrlichere Weg zu sein.

[132] Oben III 2.

[133] Einer gewohnheitsrechtlichen Anerkennung steht die nie erlahmende Kritik weiter Teile des Schrifttums entgegen (oben III 2 bei und in Fn. 71 f). Zudem hat die Rechtsprechung vielfach im Ergebnis bei Verkäuferverschulden gegen die kurze Verjährung
entschieden (oben IV 1).

[134] Siehe das Beispiel oben I 2 (am Ende).

www.ingramcontent.com/pod-product-compliance
Lightning Source LLC
Chambersburg PA
CBHW050653190326
41458CB00008B/2540